Westfälische Küche

Regionale Küche mit Tradition

von Ursula Stiller

KOMET
Edition Kock

Sonderausgabe für KOMET Verlag GmbH, Köln
www.komet-verlag.de
Alle Rechte bei: Hans-Peter Kock, Bielefeld
Gesamtherstellung: KOMET Verlag GmbH, Köln
ISBN 978-3-933366-29-0

Westfälische Küche

Vorwort

In einer Zeit, in der sich Hausfrauen und Köche besonders für die ausländische Küche interessieren und mit Recht auch Gerichte anderer Länder in ihr Repertoire aufnehmen, ist es uns ein Bedürfnis, die einheimische Küche wieder mehr in unser Bewußtsein zu rücken.

Wir wollen feststellen, ob nicht auch hier „verborgene Schätze" ruhen, die zu heben es sich lohnt, um unseren gewohnten Speisezettel mit den alten Gerichten unserer Großmütter zu bereichern – Gerichte, die wir teilweise noch aus unserer Jugendzeit her kennen, deren Namen wir jedoch vergessen haben.

Möge die Arbeit von Ursula Stiller, welche die Rezepte sammelte und ausprobierte, dazu beitragen, uns die alte westfälische Küche wieder näherzubringen, und vielleicht auch Anstoß geben zu ihrer fantasievollen Weiterentwicklung.

Im besonderen möchten wir der jungen Hausfrau, aber auch dem interessierten „Hausmann", praktische Rezepte an die Hand geben, die sie in die Lage versetzen, die aufgeführten Gerichte auch wirklich kochen zu können.

Gleichzeitig ist es unser Wunsch, unsere Leser dazu anzuregen, weitere alte Koch-Back- und Wurstrezepte aus dem westfälischen Kulturbereich „aufzustöbern" und uns einzusenden, damit unsere Sammlung für eine spätere Nachauflage weiter vervollständigt werden kann.

Der Herausgeber

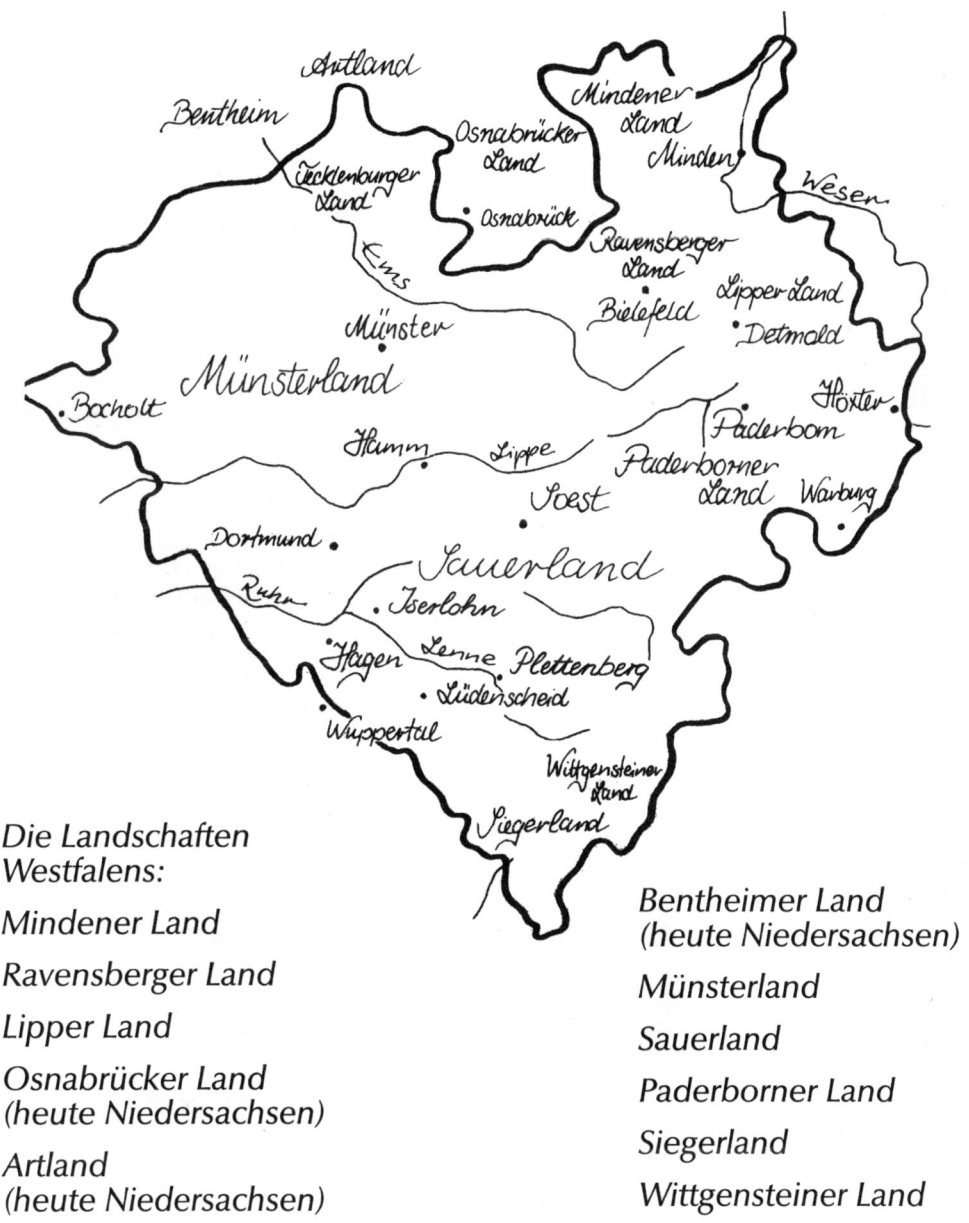

Die Landschaften Westfalens:

Mindener Land

Ravensberger Land

Lipper Land

Osnabrücker Land
(heute Niedersachsen)

Artland
(heute Niedersachsen)

Bentheimer Land
(heute Niedersachsen)

Münsterland

Sauerland

Paderborner Land

Siegerland

Wittgensteiner Land

Die Zubereitung der Speisen, 18. Jahrhundert

8

Inhalt

Eintöpfe und Suppen

Pfannengerichte

Fleisch- und Gemüsegerichte

Wurst zum Einkochen

Nachspeisen

11

Eintöpfe und Suppen

Blindhuhn
mit Gurkensalat

der saftige, in ganz Westfalen verbreitete Gemüseeintopf mit Äpfeln und Birnen.

3/4 Liter Wasser, 375 g durchwachsenen Speck, 500 g grüne Bohnen, 250 g Möhren, 3 Äpfel, 3 Birnen, 500 g Kartoffeln, Salz.

Gurkensalat:
1 Gurke, 3 Eßl. Salatöl, 1–2 Eßl. Essig, Salz, 1 Teel. gehackte Kräuter.

Speckstück in kochendes Wasser geben. Inzwischen die Bohnen von den Fäden befreien, waschen und in kleine Stücke brechen oder „schnippeln". Möhren schrappen, waschen und ebenso in kleine Stücke schneiden. Äpfel und Birnen schälen, vom Kerngehäuse befreien und in Scheiben schneiden.

Kartoffeln schälen, in Würfel schneiden. Nachdem der Speck 1/2 Stunde gekocht hat, Gemüse, Obst, Kartoffeln und etwas Salz hinzugeben und etwa 1 Stunde gar kochen lassen. Speckstück aus dem Topf nehmen und nach Belieben schneiden. Für den Gurkensalat Gurke waschen, schälen und in feine Scheiben schneiden oder hobeln.

Öl, Essig und Salz so lange mit der Gabel schlagen, bis die Salatsoße dickflüssig ist. Kräuter mit den Gurkenscheiben darunter rühren.

Treibgurken

Möhreneintopf mit Speck

Möhren oder „Wuorteln" gehören von alters her zu den gebräuchlichsten Gemüsesorten Westfalens.

750 g Möhren, 500 g Kartoffeln, 250 g durchwachsenen Speck, 1 Zwiebel, 3/4 Liter Brühe, Pfeffer, Salz, Petersilie.

Möhren und Kartoffeln jeweils schrappen bzw. schälen, waschen und in kleine Würfel schneiden. Speck ebenso würfeln und im Topf anbraten.

Die kleingehackte Zwiebel, Möhren und Kartoffeln dazugeben und mit der Brühe auffüllen. Mit Pfeffer und Salz abschmecken und etwa 1–1 1/2 Stunden gar kochen. Den Eintopf mit gehackter Petersilie servieren.

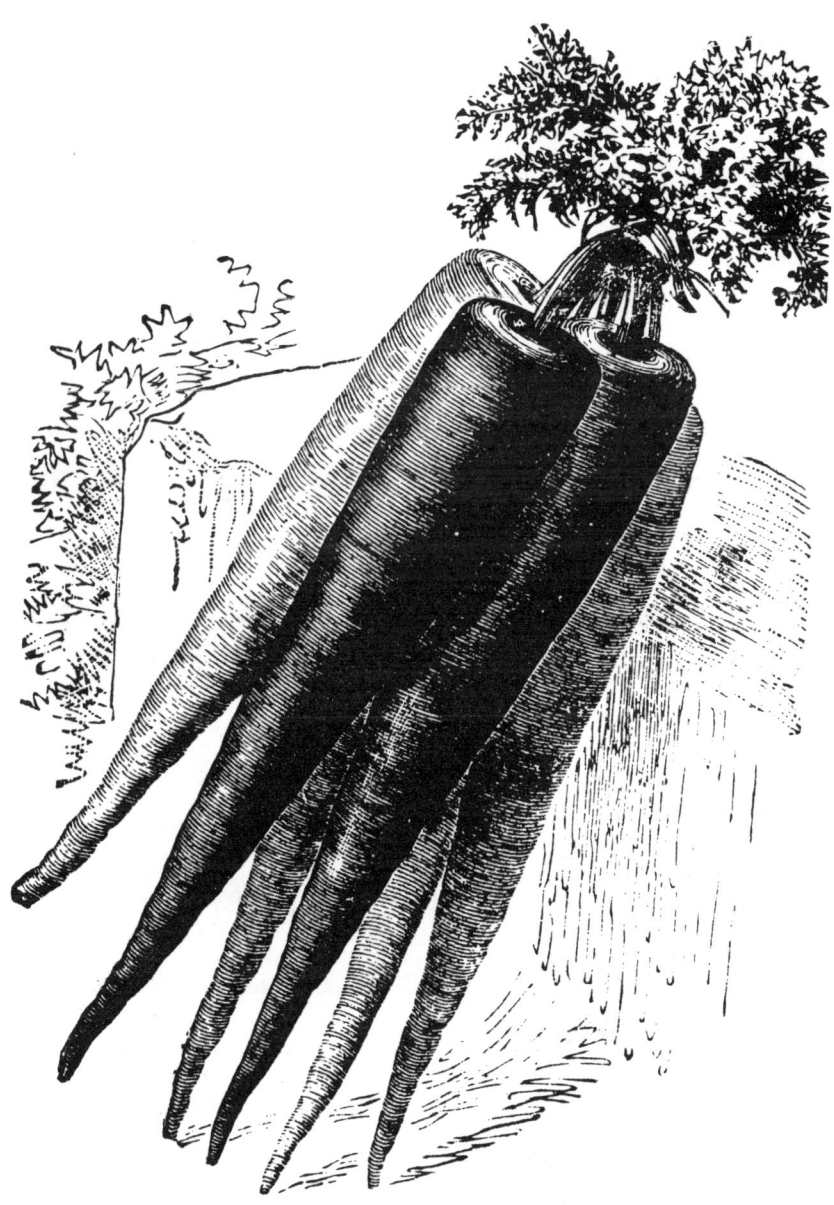

Mohrrübe „Viktoria"

Grünkohleintopf mit Mettwurst

auch Braun- oder Winterkohl genannt – schmeckt besser, wenn er etwas angefroren ist.

1 kg Grünkohl (vorbereitet gewogen), 40 g Schweineschmalz, 1–2 gewürfelte Zwiebeln, Salz, 750 g Kartoffeln, 1/2 Liter Wasser, 4 Mettwürste.

Abgekochten Grünkohl fein schneiden. Fett zerlassen und Zwiebeln andünsten, den Grünkohl, die geschälten, gewaschenen, klein geschnittenen Kartoffeln und das Wasser hinzugeben, zum Kochen bringen und bei schwacher Hitze 1–1 1/2 Stunden kochen lassen. 20 Minuten vor Beendigung der Kochzeit die Mettwurst in den Topf geben. Eintopf mit Salz abschmecken. Außer Mettwurst wird auch Räucherspeck dazugegeben.

Grünkohl oder Winterkrauskohl

Faßbohneneintopf

der Eintopf aus eingesalzenen Schnippelbohnen nach einem alten Rezept – besonders zu empfehlen.

50 g Schweineschmalz, 375 g Schweinerücken, 2 Zwiebeln, 750 g Faßbohnen, 1 kg Kartoffeln, 3/4 Liter Wasser, Salz.

Schmalz erhitzen, das in kleine Würfel geschnittene Fleisch hineingeben und unter Wenden schwach bräunen, die kleingeschnittenen Zwiebeln hinzugeben und kurz miterhitzen.

Danach das Gemüse und dann die geschälten und gewürfelten Kartoffeln hinzugeben. Das Wasser darübergießen. Etwa 1–1 1/2 Stunden gar kochen lassen. Dann abschmecken.

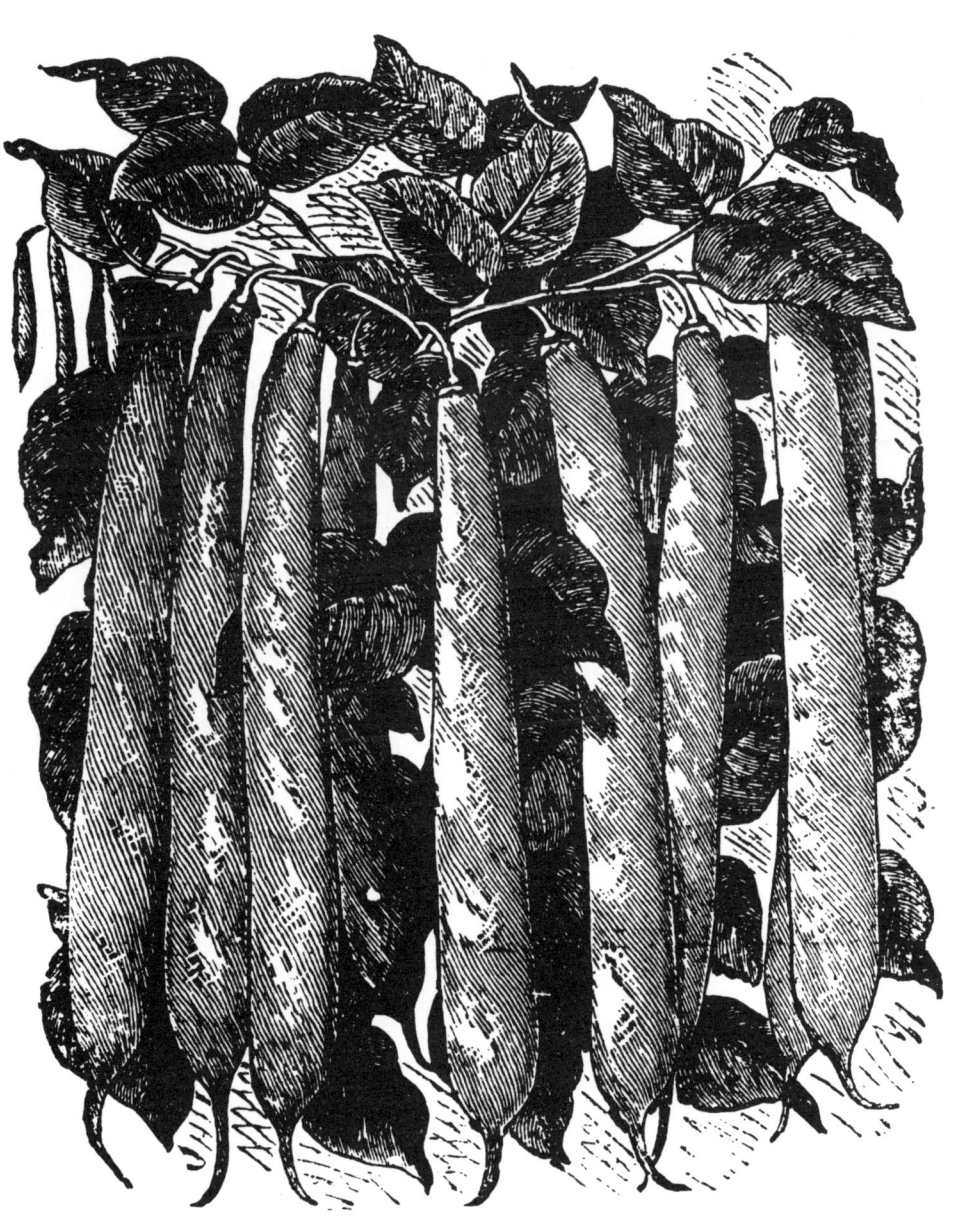

Stangenbohne „Avantgarde"

Weißkohleintopf

besonders würzig, indem man Kümmel in ein Leinen-
läppchen einbindet und mitkochen läßt.

*750 g Weißkohl (vorbereitet gewogen), 750 g Kartoffeln,
350 g Rindfleisch, 50 g Schmalz, 1–2 Zwiebeln, 3/4 Liter
Wasser, Salz.*

Weißkohl waschen und in Streifen schneiden. Kartoffeln
schälen, waschen und würfeln. Das Fleisch ebenso in
Würfel schneiden und mit der gehackten Zwiebel im
zerlassenen Fett leicht andünsten.

Wasser und Salz dazugeben und etwa 1/2 Stunde
kochen lassen. Dann Weißkohl und Kartoffeln hinzufügen und nochmals etwa 1/2 Stunde kochen lassen –
dann mit Salz abschmecken.

Weißkohl oder Kappus

Knisterfinken

der Eintopf aus jungem, frischen Rübstielgemüse, bekannt auch als Stielmuseintopf.

50 g Schweineschmalz oder Margarine, 250 g Schweinefleisch, Salz, 1/2 Liter Wasser, 750 g Kartoffeln, 750 g vorbereitetes Rübstiel (Blätter abstreifen, Stiele gut waschen und in 2 cm große Stücke schneiden).

Fett im Topf zerlassen, das in Würfel geschnittene Fleisch, Salz und Wasser hineingeben und 1/2 Stunde kochen lassen. Die geschälten, kleingeschnittenen Kartoffeln und das Rübstielgemüse hinzugeben und 3/4 Stunde gar kochen lassen.

Das fertige Gericht mit Salz abschmecken. Rübstiel oder Stielmus sind die Stiele junger Mairüben, welche die Grundlage für diesen rustikalen Eintopf bilden. Statt des üblichen Schweinefleisches kann ihm auch Mettwurst beigegeben werden.

Mairüben

Erbsensuppe mit Grießklößchen

der schmackhafte Eintopf aus frischen, grünen Erbsen.

800 g junge Erbsen (2 1/4 kg mit Hülsen), 125 g Margarine, 2 3/4 Liter Wasser, Salz, 500 g Kartoffeln, 1 Eßl. gehackte Petersilie.

Für die Grießklöße: 1/4 Liter Milch, Butter, Salz, Muskat, 100 g Grieß, 2 Eier.

Erbsen auspulen, waschen, in das erhitzte Fett geben und kurze Zeit dünsten, mit Wasser auffüllen und etwas Salz sowie die geschälten, kleingeschnittenen Kartoffeln hinzugeben. Suppe zum Kochen bringen und 3/4 Stunde gar werden lassen.

Für die Grießklöße Milch und Fett mit den Gewürzen zum Kochen bringen. Dann Topf von der Kochplatte nehmen, Grieß auf einmal hineinschütten, zu einem ganzen Kloß rühren und diesen unter Rühren noch etwa 1 Minute erhitzen. Den heißen Kloß sofort in eine Schüssel geben und Eier darunter rühren. Mit einem nassen Löffel kleine Klößchen abstechen, diese in die kochende Suppe geben und 10 Minuten darin gar ziehen lassen.

Suppe mit Salz abschmecken und Petersilie hineingeben.

Erbsenschote

Graupeneintopf mit Pökelrippchen

der deftige Gemüseeintopf mit Graupen und Schweins-
rippchen.

(Graupen sind geschälte Gerstenkörner)

*750 g Pökelrippchen, 3 Liter Wasser, 150 g feine Graupen,
200 g Kartoffeln, 250 g Sellerieknolle, 2 kl. Stangen Porree,
250 g Möhren, 2 Zwiebeln, 1 Bund Petersilie.*

Pökelrippchen mit dem Wasser im Topf kurz aufkochen
und bei mittlerer Hitze etwa 60 Minuten kochen lassen.

In der Zwischenzeit Graupen mit kaltem Wasser
waschen. Graupen zu den Pökelrippchen geben und
mitkochen lassen.

Kartoffeln, Sellerie, Porree, Möhren und Zwiebeln putzen, waschen und in kleine Würfel schneiden. Alles –
außer dem Porree – 20 Minuten vor Ende der Garzeit in
die Suppe geben. Den Porree 5 Minuten vorher – sonst
zerkocht er.

Petersilie waschen, trocknen und fein hacken. Pökelrippchen aus der Suppe nehmen und die Knochen herauslösen.

Das Fleisch kleinschneiden und mit der Petersilie wieder in die Suppe geben.

Riesen-Winterlauch

Brennesselsuppe

fast in Vergessenheit geraten – urwüchsig, aber durchaus genießbar.

500 g junge Brennesseln (vorbereitet gewogen), 1/2 Liter Wasser, 1 gestr. Teel. Salz, 1/2 Liter heiße Brühe, 2 gestr. Eßl. Stärkemehl, 3 Eßl. kalte Milch zum Anrühren, 2 Eßl. Sahne, Salz, geriebene Muskatnuß, 1 Brötchen, etwas Butter.

Die vorbereiteten Brennesseln gründlich waschen, sie in kochendes Salzwasser geben und bei schwacher Hitze gar kochen lassen. Zum Abtropfen auf ein Sieb geben und dann fein hacken. Kochwasser auffangen und davon 1/2 Liter abmessen.

Kochwasser und Brühe zum Kochen bringen, von der Kochstelle nehmen, das angerührte Stärkemehl unter Rühren hineingeben und nochmals kurz aufkochen lassen. Brennesseln und Sahne unterrühren und mit Salz und Muskatnuß abschmecken. Das würfelig geschnittene Brötchen in heißer Butter bräunen und kurz vor dem Auftragen in die Suppe geben.

Nur die jungen, zum Frühjahrsbeginn gepflückten oberen Blättchen der Brennesselpflanze (die noch nicht brennen!) eignen sich für diese urwüchsige, aber durchaus wohlschmeckende Suppe.

Ton-, Kupfer- und Eisentöpfe um 1800

Kürbissuppe

als süße, aber würzige Vorspeise empfohlen.

375 g Kürbis (vorbereitet gewogen), 1/2 Liter Wasser, 3/4 Liter Apfelwein, 10 g Stärkemehl, 2 Eßl. Wasser, Zucker, Zimt, Zitrone.

Das Kürbisfleisch würfeln und in Wasser weich kochen. Die Masse durch ein Sieb streichen, Apfelwein dazugeben und zum Kochen bringen. Mit dem kalt angerührten Stärkemehl binden und zum Schluß mit Zucker, Zimt und Zitrone abschmecken.

Suppentopf mit Universal-Topfheber

Biersuppe

von der es die verschiedensten Arten gibt – und nicht nur in Westfalen. Hier eine Zubereitung aus der Gegend um Plettenberg.

1/2 Liter Bier, 2 Eiweiß, 2 Eigelb, 1 Zimtstange, 2 Gewürznelken, abgeriebene Schale einer Zitrone, 1 gehäufter Eßl. Zucker, 1 gehäufter Eßl. Stärke, 1 Prise Salz, 1/2 Tasse Wasser.

Das Bier mit den Gewürzen zum Kochen bringen. Danach die Gewürze herausnehmen, die Stärke im Wasser lösen und in die leicht kochende Suppe rühren.

Dann das Eigelb in der Suppe verschlagen, leicht weiterkochen lassen und zum Abschluß das steif geschlagene Eiweiß vorsichtig unterziehen, so daß kleine bis mittelgroße Flocken entstehen.

Danach noch 5 Minuten leicht garen lassen.

Verdaulichkeit verschiedener Speisen.

Ein gesunder Magen verdaut in

5 Std.	15 Min.	Schweinefleisch
4 „	30 „	Speck
4 „	— „	Kalbfleisch
3 „	30 „	Brot
3 „	30 „	in Butter gebrat. Eier
3 „	30 „	Kartoffeln
3 „	20 „	Wurst
3 „	15 „	Hammelfleisch
3 „	— „	Rindfleisch
3 „	— „	harte Eier
2 „	30 „	Lammfleisch
2 „	30 „	Truthahn oder Gans
2 „	30 „	Fricasse
2 „	15 „	Hühnerfleisch.
2 „	— „	Milch
2 „	— „	rohe Eier
2 „	— „	Äpfel je nach Sorte.

Pfannengerichte

Kartoffelpuffer

das bekannte Pfannengericht aus geriebenen Kartoffeln.

1 kg Kartoffeln, 1/2 Teel. Salz, 2 Zwiebeln, 3–4 Eier, 3 Eßl. Mehl, Öl oder Schmalz.

Kartoffeln und Zwiebeln schälen, waschen, reiben und mit Salz, Eiern und Mehl gut verrühren. Fett in einer Pfanne zerlassen, den Teig eßlöffelweise hineingeben und verteilen. Die Plätzchen auf beiden Seiten braun und knusprig backen.

Anstelle von Mehl können auch Haferflocken verwendet werden. Sie machen die Kartoffelpuffer noch knuspriger.

Zu den Kartoffelpuffern wird Apfelmus und Kaffee gereicht.

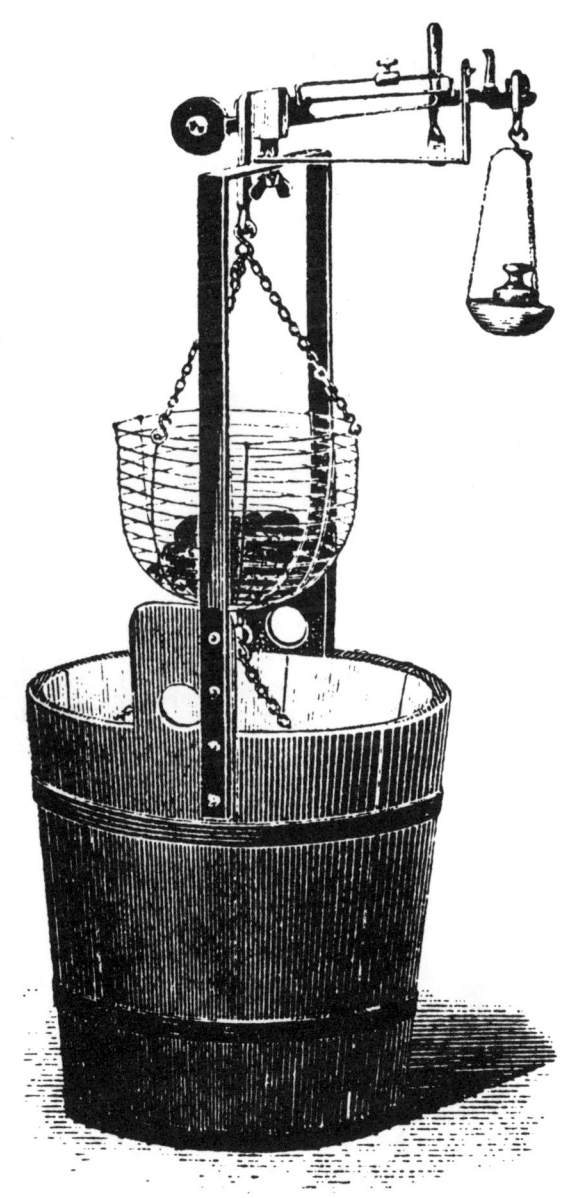

Suppentopf mit Universal-Topfheber

Speckpfannekuchen

goldgelb gebacken – eine besonders herzhafte Spezialität der Westfälischen Küche.

4 Eigelb, 1/2 Liter Milch, Salz, 1/2 abgeriebene Zitrone, 175 g Mehl, 4 Eiweiß, etwas Schnittlauch, 100 g durchwachsener Speck.

Eigelb mit Milch, Salz und Zitrone verrühren. Dann unter stetem Schlagen Mehl dazugeben. Das geschlagene Eiweiß und Schnittlauch unter die Masse heben.

Speck in feine Scheiben schneiden. Etwas Fett in einer Pfanne zerlassen. Dünne Speckscheiben hineingeben, sie bräunlich braten, eine dünne Lage Eierkuchenteig darauf geben und sie von beiden Seiten dunkelgelb backen. Bevor der Speckpfannkuchen gewendet wird, etwas Fett auf die ungebackene Seite geben.

Speckpfannkuchen wird mit grünem Salat oder auch Preiselbeeren gereicht.

Weitere leckere Abwandlungen:

Statt mit durchwachsenem Speck bereitet man Speckpfannkuchen auch mit Schinkenspeck oder Mettwurst.

Schwingpflug um 1890

Wurstpfannekuchen

eine alte, empfehlenswerte Pfannkuchenart aus frischer Blutwurst.

300 g frische Blutwurst, 6 Eigelb, 6 Eiweiß, 3 Eßl. süße Sahne, Salz, Pfeffer, 2 Eßl. gehackte Petersilie, Fett zum Ausbacken, 8 Zwiebeln, Butter, Mehl.

Blutwurst aufschneiden und das Innere in eine Schüssel geben. Mit Eigelb und der Sahne zu einem Teig verrühren. Mit Salz und Pfeffer abschmecken. Eiweiß zu steifem Schnee schlagen und zusammen mit der Petersilie vorsichtig unter die Wurstmasse heben. Fett in einer Pfanne erhitzen und darin handtellergroße Pfannkuchen ausbacken.

Die fertigen Pfannkuchen gleich warmstellen. Während der Bratzeit geschälte und in Ringe geschnittene Zwiebeln in Mehl wenden und in heißer Butter knusprig braten.

Die fertigen Pfannkuchen mit Zwiebelringen bedecken und mit Kartoffelbrei servieren.

Pferderechen um 1910

Apfelpfannekuchen

die süße Pfannkuchen-Variante aus Eiern und Äpfeln.

5 Äpfel, 200 g Mehl, 1/4 Liter Milch, 6 Eigelb, 1 P. Vanillin-Zucker, 1/2 Zitrone, 50 g Zucker, Muskatnuß, Salz, 6 Eiweiß, Fett zum Backen, Zimtzucker.

Äpfel schälen, vom Kerngehäuse befreien und in Ringe schneiden.

Das Eiweiß steif schlagen. Die übrigen Zutaten zu einem flüssigen Teig verarbeiten. Das Eiweiß daruntergeben.

Die Apfelringe in Butter anbraten, eine Kelle Teig darüber geben und den Teig von beiden Seiten dunkelgelb backen. Den fertigen Pfannekuchen mit Zimtzucker servieren.

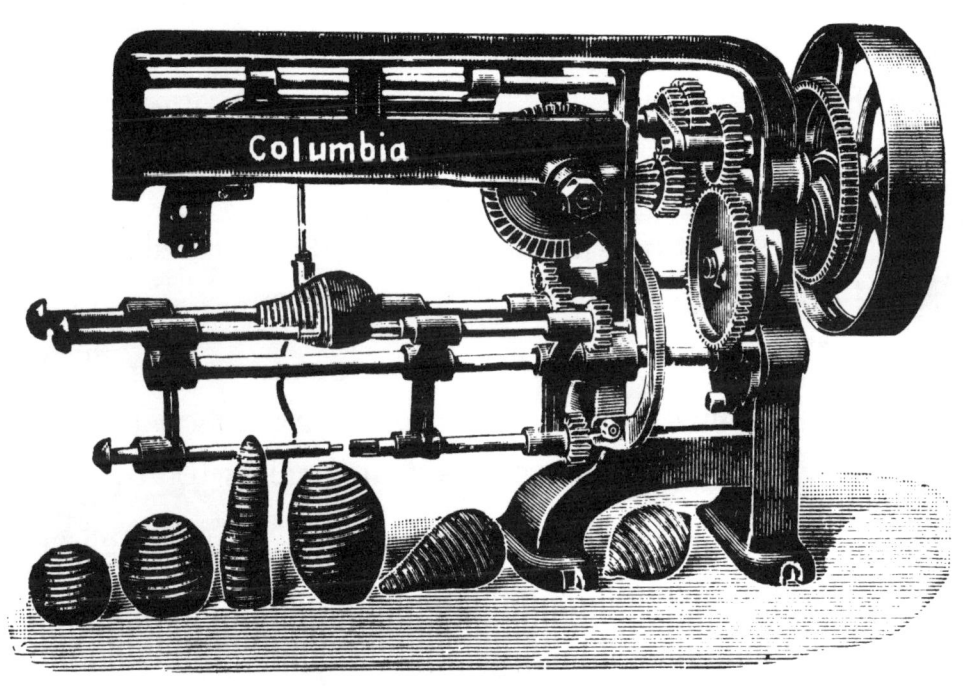

Automatische Obstschälmaschine um 1880

Lappenpickert

die dünne Pfannkuchenart aus Kartoffeln, Weizenmehl und Eiern – eine Spezialität aus dem Ravensberger Land.

2 kg Kartoffeln, Salz, 3–4 Eier, 250 g Mehl, 1/8 Liter Milch.

Kartoffeln schälen, waschen, reiben und mit Salz, Eiern, Mehl und Milch zu einem Teig verrühren.

Lappenpickert in Pickertpfanne oder auf großer Eisenplatte, die mit einer Speckschwarte gründlich gefettet und etwa 8 Minuten vorgeheizt ist, backen.

Den Teig so verteilen, daß ein großer, aber möglichst dünner Pfannkuchen entsteht.

Sobald die Unterseite gebräunt ist, Lappenpickert mit einem breiten Messer wenden und auf der anderen Seite bräunen.

Lappenpickert wird mit Butter und Marmelade oder Rübensirup frisch oder auch aufgewärmt gegessen. Er wurde früher direkt auf der Herdplatte gebacken, kann aber durchaus auch in einer großen Bratpfanne bereitet werden.

Kartoffelerntemaschine um 1900

Rosinen-Pickert

oder auch Dicker Pickert – die fülligere Variante aus dem Lipper Land.

3 kg Kartoffeln, 2 Eier, 20 g Salz, 1 kg Mehl, 20 g Hefe, 2 Eßl. Zucker, etwas Milch, 250 g Rosinen, Öl.

Kartoffeln schälen, waschen und reiben. Flüssigkeit ablaufen lassen. Hefe mit dem Zucker in lauwarmer Milch auflösen und unter den Teig rühren. Die gewaschenen Rosinen zugeben und Teig zum Gehenlassen warm stellen. Etwas Öl in die Pfanne geben, den Teig eßlöffelweise hineingeben. Die Plätzchen auf beiden Seiten braun und knusprig backen.

Zum Dicken Pickert wird Rübenkraut oder Marmelade, aber auch Leberwurst sowie Kaffee und Pumpernickel gereicht.

Selbsttätige Kaffeemaschine um die Jahrhundertwende
a) Wasserkessel, b) klappbarer Flammendeckel,
c) Spiritusflamme, d) Wippe, e) Kaffeefilter, f) Kaffeekanne

Kastenpickert

der Pickert aus der Kastenform, in Scheiben geschnitten und in der Pfanne gebraten.

2 1/2 kg Kartoffeln, 2 Eier, Salz, 1 kg Mehl, 30 g Hefe, 2 Eßl. Zucker, etwas Milch, 250 g Rosinen.

Die Kartoffeln schälen, waschen und reiben. Damit der Teig nicht zu weich wird, Flüssigkeit ablaufen lassen.

Eier, Salz und Mehl unter die Kartoffelmasse geben. Die Hefe und 2 Eßlöffel Zucker in lauwarmer Milch auflösen und unter den Teig rühren. Die gewaschenen Rosinen hineingeben. Den Teig in eine gut gefettete, mit geriebenen Semmeln ausgestreute große Kastenform füllen und zum Gehenlassen an einen warmen Ort stellen. Wenn der Teig etwa doppelt so hoch ist, ihn im Backofen bei 200 Grad etwa 2 Stunden backen lassen.

Den erkalteten Pickert in Scheiben schneiden und in offener Pfanne in Butter bräunen.

Zum Kastenpickert wird Butter und Kaffee gereicht.

Vorwiegend im Raum Ravensberg und Lippe-Schaumburg bekannt.

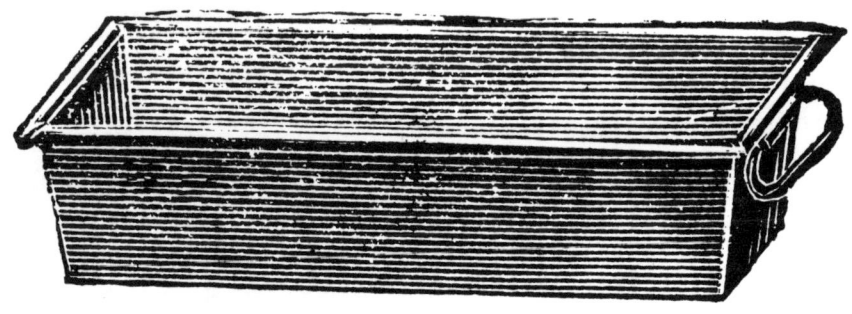

Kastenform

Kürbispickert

eine weitere, weniger bekannte, aber schmackhafte Pik-
kert-Variante.

1 P. frische Hefe, 1/2 Liter Milch (lauwarm), 1 Teel. Zucker
500 g frischen Kürbis, 500 g Mehl, 2 Eier, Öl zum Braten.

Hefe mit 5 Eßlöffel der Milch und dem Zucker ansetzen
und 15 Minuten gehen lassen. Den geschälten und ent-
kernten Kürbis reiben und abwechselnd mit Mehl, Eiern
und Milch verrühren, bis eine zähflüssige Masse entsteht. Die Hefemischung hinzufügen und mit Salz abschmecken.

Wie Reibekuchen in der Pfanne mit Öl ausbacken.

Bronzefarbener Speisekürbis

Buchweizen-
pfannekuchen

die besonders dünne, nicht einfach zu bereitende Pfannkuchenart – früher vorwiegend in Heidegegenden an-
zutreffen.

*200 g Buchweizenmehl, 3/8 Liter heißes Wasser, 150 g
dicke saure Sahne, 1 Ei, etwas Salz, Öl.*

Buchweizenmehl, Wasser, saure Sahne und Ei gut verrühren, mit Salz abschmecken. Fett in einer Pfanne erhitzen und den Teig eßlöffelweise hineingeben. Die
Pfannkuchen dünn auf beiden Seiten braun und knusprig
backen.

Buchweizenpfannkuchen mit leicht geschlagener saurer
Sahne und eiskaltem Korn servieren.

Buchweizen

Struwen

die Buchweizenpüfferchen aus Hefe und Korinthen – ein altes Karfreitagsgericht.

20 g Hefe, 1 Teel. Zucker, 250 g Buchweizenmehl, 20 g Butter, 30 g Korinthen, 1 Teel. Salz, 3/8 Liter lauwarmes Wasser.

Hefe und Zucker mit 5 Eßlöffel des Wassers anrühren. Mehl in eine Rührschüssel geben, in die Mitte eine Vertiefung eindrücken, die aufgelöste Hefe hineingeben und sie mit etwas Mehl bestreuen, Salz, Korinthen und das aufgelöste lauwarme Fett an den Rand des Mehls geben. Sobald das auf die Hefe gestreute Mehl rissig wird, von der Mitte aus die Hefe mit dem Mehl und den übrigen Zutaten verrühren und nach und nach so viel von dem übrigen Wasser hinzugeben, bis der Teig geschmeidig ist.

Teig 20 Minuten an einen warmen Ort stellen. Fett in einer Pfanne erhitzen, den Teig löffelweise hineingeben und etwas flachdrücken. Die Plätzchen auf beiden Seiten braun und knusprig backen.

Sie werden mit Butter und Marmelade, aber auch mit Zucker und Zimt gegessen.

Mähmaschine aus dem Jahre 1875

Leineweber

die besondere Pfannkuchenart mit Pellkartoffeln aus dem südlichen Münsterland.

600 g Pellkartoffeln, 1/2 Bund Petersilie.

Eierkuchenteig:

125 g Mehl, 4 Eier, 1/4 Liter Milch, 1 Teel. Salz, weißer Pfeffer, geriebene Muskatnuß, 40 g Margarine.

Pellkartoffeln abziehen und in Scheiben schneiden. Petersilie säubern und klein hacken.

In einer Schüssel Mehl mit den Eiern und der Milch verrühren. Mit Salz, Pfeffer und Muskat abschmecken.

Fett portionsweise in der Pfanne erhitzen. Jeweils ein Viertel der Kartoffelmenge anbraten. Ein Viertel des Teiges darübergießen. Etwa 5 Minuten braten. Pfannkuchen vorsichtig wenden und die andere Seite etwa 3 Minuten braten. Warm stellen, bis alle Pfannkuchen gebraten sind. Petersilie überstreuen.

Mit gemischtem Salat servieren.

Spinnrad „Bock" aus dem 19. Jahrhundert

Möpkenbrot

auch Wurstebrot genannt – eine alte Schlachtfest-Spezialität aus der Pfanne aus dem Gebiet Ravensberg-Lippe.

1/2 Liter frisches Schweineblut, 1/4 Liter Fleischbrühe, Salz, Pfeffer, Roggenmehl, Eier, Milch, Fett.

Schweineblut, Fleischbrühe, Salz und Pfeffer mit soviel Mehl andicken, bis eine feste Masse entsteht.

Klöße formen und ca. 1 Stunde in Wasser kochen, bis sie gar sind. Erkalten lassen. Eier mit Milch und etwas Salz verquirlen und bereitstellen. Möpkenbrot in Scheiben schneiden. Fett in der Bratpfanne zerlassen, Möpkenbrot hineingeben und die Eiermilch hinzugeben. Von beiden Seiten schön braun braten.

Möpkenbrot ist eine Spezialität aus dem Ravensberger Land. Es ist dem Panhas, wie man es in der Gegend um Dortmund kennt, nah verwandt. Auf dem Lande wurde es am späten Nachmittag gegessen.

Beilagen sind: Westfälischer Pumpernickel, Bier und gut gekühlter Korn.

Spinnstuhl Mitte des 19. Jahrhunderts

Panhas

das Wurstebrot aus gekochtem Fleischteig in der Pfanne gebraten.

250 g Rindfleisch, 300 g Schweinebauch, 250 g Zwiebeln, 4 Möhren, Salz, weißer Pfeffer, 1 1/2 Liter Wasser, 1/2 Teel. gemahlene Nelken, 1/4 Teel. Piment, 1 Prise Majoran, 250 g Buchweizenmehl, 60 g Butter oder Margarine.

Fleisch unter kaltem Wasser waschen. Zwiebeln schälen und in grobe Stücke schneiden. Möhren putzen, waschen und ebenso in Stücke schneiden.

Fleisch, Zwiebeln und Möhren mit Salz und Pfeffer im Topf mit Wasser zum Kochen bringen und 50 Minuten kochen lassen. Fleisch aus der Brühe nehmen, durch den Fleischwolf drehen, die Brühe durchsieben und wieder in den Topf geben. Fleisch dazugeben.

Mit Salz, Pfeffer, Nelken, Piment und Majoran würzen, kurz aufkochen lassen und das Mehl unter Rühren dazugeben.

15 Minuten unter Rühren kochen. Das Mehl muß gar sein, die Masse fest und sich vom Topf lösen.

In eine mit Pergamentpapier ausgelegte Kastenform füllen und abkühlen lassen. Fleischmasse aus der Form heben, in 1 cm dicke Scheiben schneiden. Fett in Bratpfanne erhitzen, Panhas darin auf beiden Seiten goldbraun braten und auf Bauernbrot servieren.

Hölzerner Bettwärmer in Faßform um 1870

Potthucke

die sauerländische Pickertart aus dem „Pott", deretwegen schon Klubs gegründet wurden.

800 g rohe Kartoffeln, 400 g gekochte Kartoffeln, 1/4 Liter Sahne, 4 Eier, Pfeffer, Salz, Muskat, 75 g durchwachsener Speck, Margarine zum Braten.

Die rohen Kartoffeln reiben und die bereits gekochten Kartoffeln durchpressen. Beides mit Sahne und Eiern verrühren und mit Pfeffer, Salz und Muskat abschmecken. Den durchwachsenen Speck in feine Würfel schneiden und in feuerfester Form glasig dünsten. Kartoffelmasse einfüllen und in vorgeheiztem Backofen etwa 45 Minuten bei 200 Grad backen. Form etwas auskühlen lassen und stürzen. Potthucke wird bereits so mit Schinken, Schwarzbrot oder auch Salat gegessen und Bier dazu getrunken.

Kenner allerdings bevorzugen Potthucke in Scheiben geschnitten und von beiden Seiten in der Pfanne gebraten.

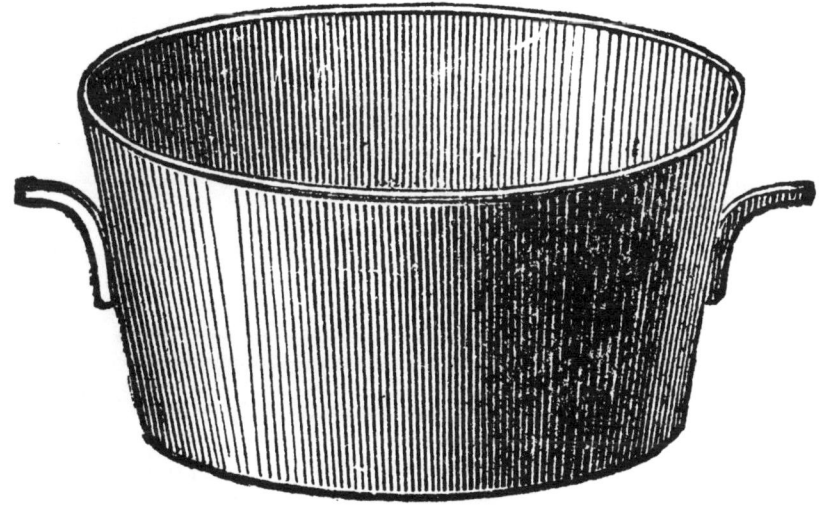

Feuerfeste Auflaufform für Potthucke
Potthucke = Topfhocke, Topfhocker, da der
Teig hier fest im „Topf" sitzt.

Arme Ritter

in Eiermilch gewendete Weißbrotscheiben in der Pfanne gebraten.

1/2 Liter Milch, 3 Eier, 1 schwach gehäufter Eßl. Zucker, Salz, 12 Scheiben Weißbrot, 50 g Semmelmehl, Fett zum Backen, Zimtzucker.

Weinschaumsoße:

1/4 Liter Weißwein oder Most, 2–3 Eier, 75 g Zucker, Saft und Schale 1/2 Zitrone.

Milch, Eier, Zucker und Salz gut verquirlen. Die Weißbrotscheiben damit übergießen, weichen lassen (nicht zu weich werden lassen), in Semmelmehl wenden und im zerlassenen Fett auf beiden Seiten goldgelb backen.

Arme Ritter mit Zimtzucker bestreuen oder mit Weinschaumsoße reichen.

Weinschaumsoße

Alle Zutaten sorgfältig verrühren und auf schwachem Feuer unter ständigem Schlagen bis zum Kochen erhitzen.

Dann vom Feuer nehmen, die Zitronenschale entfernen und die Masse weiterschlagen, bis sie schaumig ist. Muß sofort serviert werden.

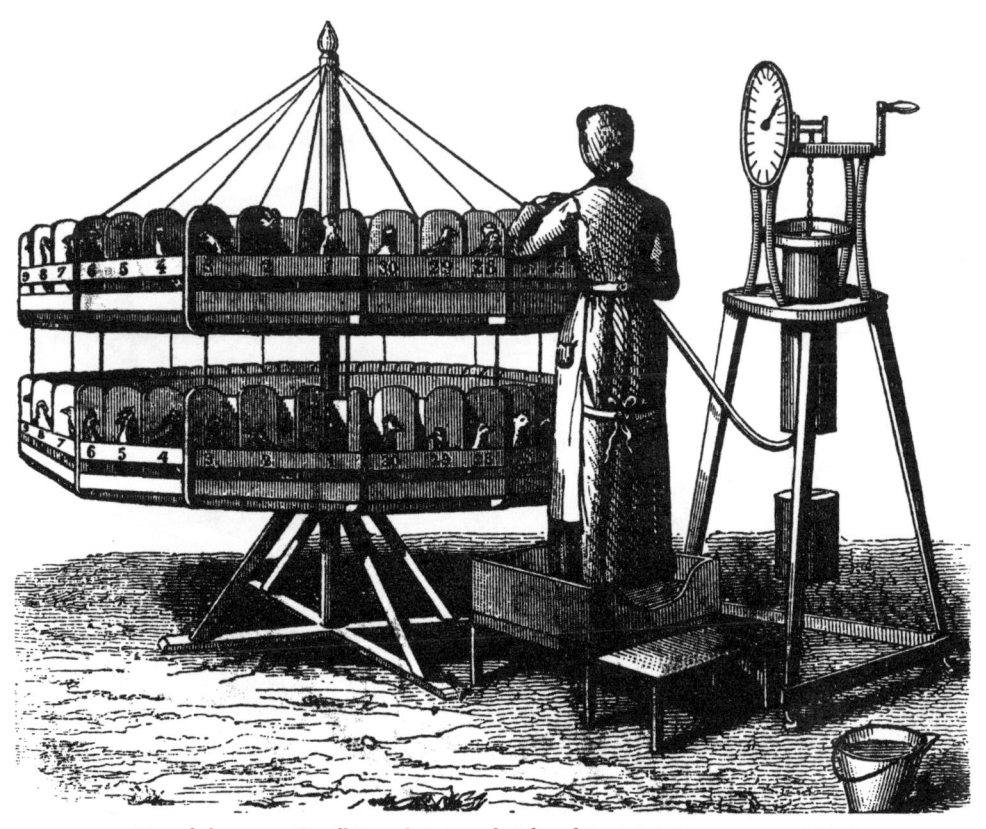

Drehbarer Geflügel-Mastkäfig für 60 Tiere um 1900

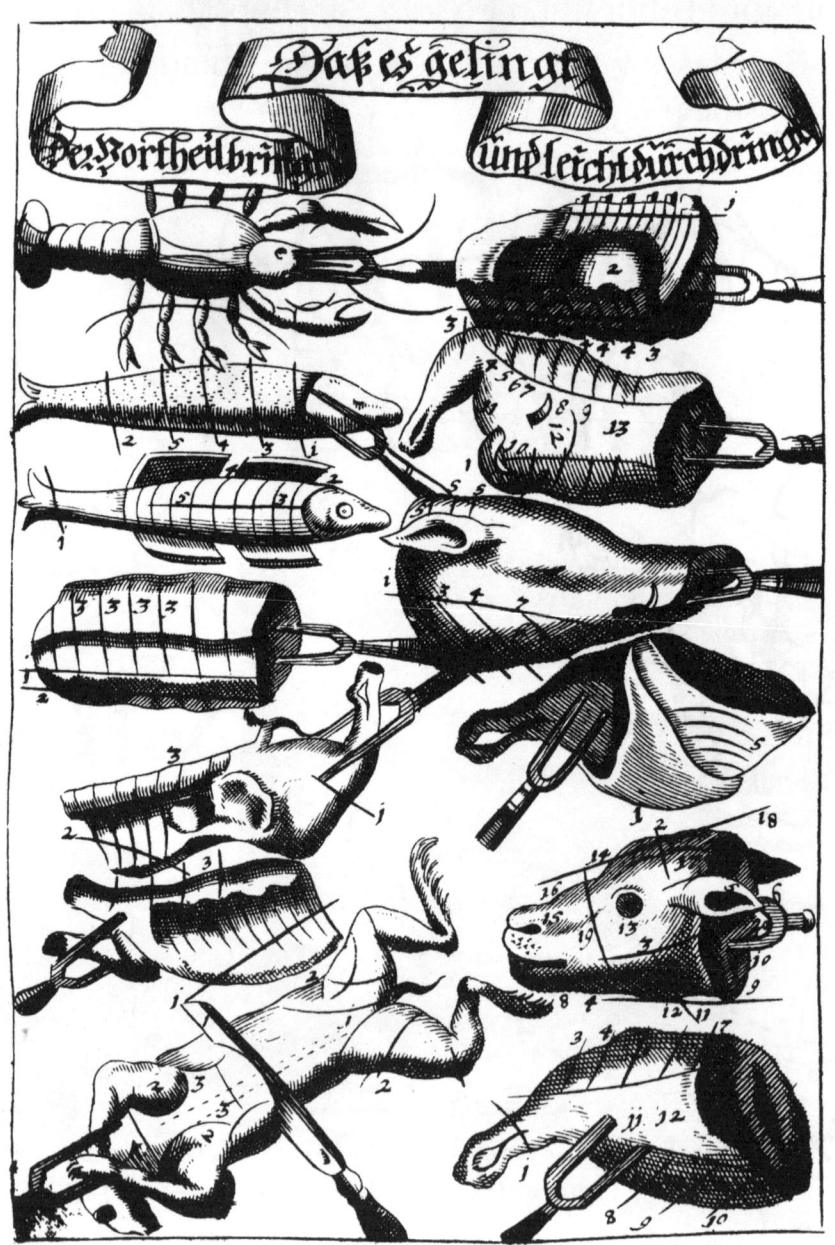

Fleisch- und Gemüsegerichte

Schweinepfeffer

750 g Schweinefleisch, 50 g durchwachsener Speck, 1 Zwiebel (gewürfelt), schwarzer Pfeffer, 1 Teel. Paprika, 3/8 Liter heiße Fleischbrühe, 20 g Mehl, Salz.

Fleisch in etwa 2 cm große Würfel schneiden. Speck fein würfeln und im Topf 3 Minuten glasig braten. Zwiebel ebenso im Speckfett 3 Minuten anbraten. Dann das Fleisch dazugeben und kräftig mit Pfeffer und Paprika würzen. Heiße Fleischbrühe zugießen und 60 Minuten zugedeckt bei schwacher Hitze schmoren lassen.

Mehl mit wenig kaltem Wasser im Becher verquirlen, dem Schweinepfeffer beimengen und noch 10 Minuten kochen lassen. Mit Salz und Pfeffer würzen. Dazu Salzkartoffeln reichen.

Dicke Bohnen mit Speck

... drei graute Baunen sind so gaut äs ene Snute vull Braut! – sagt ein altes westfälisches Sprichwort.

500 g durchwachsener Speck, 500 g enthülste dicke Bohnen, etwas Bohnenkraut, 1/2 Liter Wasser, Salz, 2 gestr. Eßl. Stärkemehl, 2 Eßl. kaltes Wasser zum Anrühren.

Speck mit gewaschenem Bohnenkraut in kochendes Salzwasser geben und bei schwacher Hitze kochen lassen.

Nach 20 Minuten Kochzeit die gewaschenen Bohnen hinzugeben, kurz aufkochen lassen und bei schwacher Hitze gar kochen. Wenn das Fleisch gar ist, in Scheiben schneiden und auf vorgewärmter Platte bereitstellen.

Die Bohnen mit dem angerührten Stärkemehl binden, abschmecken und zusammen mit dem Fleisch anrichten. Mit Salzkartoffeln servieren.

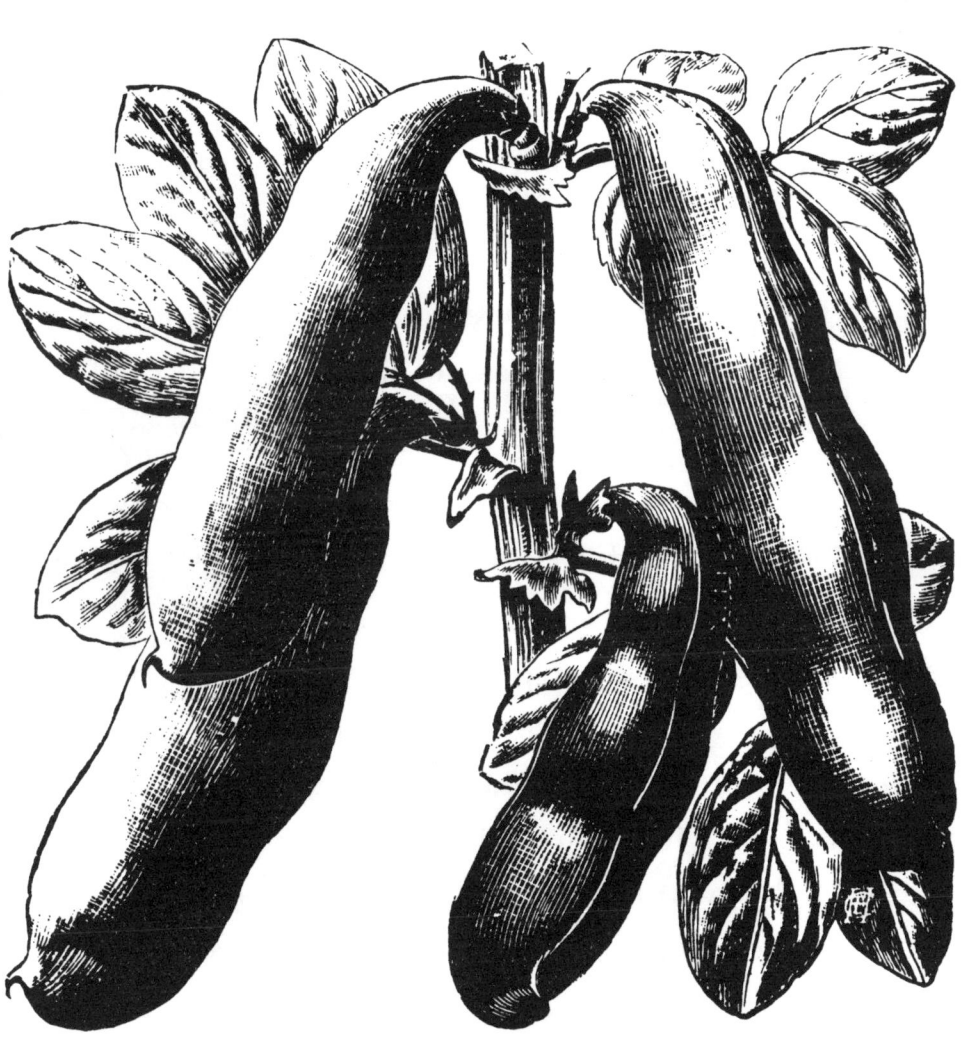

Acker-Puff- oder Dicke Bohne

Pfeffer-Potthast

der sehr alte, typisch westfälische Festtagsschmaus.

750 g Rindfleisch, 1/2 Liter Wasser, Salz, 3 grob geschnittene Zwiebeln, 1 Teel. Pfefferkörner, 2 Lorbeerblätter, 5 Nelken, 40 g Margarine, 40 g Mehl, 2 Eßl. Kapern, 2 Eßl. Essig.

Fleisch waschen. Wasser mit den Gewürzen zum Kochen bringen, Fleisch hineingeben und ca. 1 1/2 Stunden gar kochen, Fleisch in kleine Würfel schneiden, Brühe durch ein Sieb gießen und 1/2 Liter davon abmessen.

Für die Soße die Margarine zerlassen und Mehl darin erhitzen, bis es hellgelb ist. Brühe hinzugießen und mit einem Schneebesen durchschlagen. Soße zum Kochen bringen und 10 Minuten ziehen lassen. Kapern unterrühren, Soße mit Essig abschmecken und Fleisch hineingeben. Das Gericht mit Salz- oder Pellkartoffeln und Preiselbeeren reichen.

Pfefferfrucht

Schnippelbohnen in Specksoße

die sehr verbreitete Art aus der Vielzahl westfälischer Bohnengerichte.

300 g grüne Bohnen, 750 g Wasser, 1 Teel. Salz, 50 g Speck (gewürfelt), 1 kleine Zwiebel (gewürfelt), 50 g Mehl, 1/2 Liter lauwarme Brühe, Essig, Salz, Zucker.

Die Bohnen waschen, ihre Enden abschneiden, von den Fäden befreien und in schräge, dünne Scheiben „schnippeln".

In Wasser mit 1 Prise Salz ca. 15 Minuten gar kochen.

Speck- und Zwiebelwürfel in einem Topf unter Rühren erhitzen, bis sie sich gelblich färben. Sie dann herausnehmen, Mehl hineingeben und unter Rühren wiederum so lange erhitzen, bis sich die Mehlsoße braun färbt. Brühe hinzugießen und mit einem Schneebesen durchschlagen. Soße zum Kochen bringen, Speck- und Zwiebelwürfel wieder dazugeben und etwa 10 Minuten ziehen lassen. Soße dann mit Salz,

Essig und Zucker abschmecken und Schnippelbohnen untermengen.

Dazu Salzkartoffeln und Rauchenden reichen.

Bohnenschneid-Apparat

Pökelschinken nach Bauernart

eine würzige Delikatesse bei festlichen Gelegenheiten für etwa 10 Personen.

1 gepökelter Schinken von 2 1/2–3 kg, 1 Liter Burgunder Rotwein, 1 Zwiebel, etwas Selleriewurzel, 1 Möhre, 3 Nelken, 1 Lorbeerblatt, Pfefferkörner, Mehl, 3 Eßl. Tomatenmark, 2 1/4 Liter Brühe, Salz.

Schinken mit den Gewürzen über Nacht in Rotwein ziehen lassen.

Am folgenden Tag mit dem zerkleinerten Suppengrün, Gewürzen und durch etwas Wasser aufgefüllten Wein zudecken und etwa 2 Stunden garen.

Die Soße entfetten und mit etwas Mehl binden. Mit Tomatenmark abschmecken.

Beilagen: Rotkohl mit Äpfeln oder Sauerkrautsalat, Salzkartoffeln.

Danach flambierte Puttäpfel mit Mandeln.

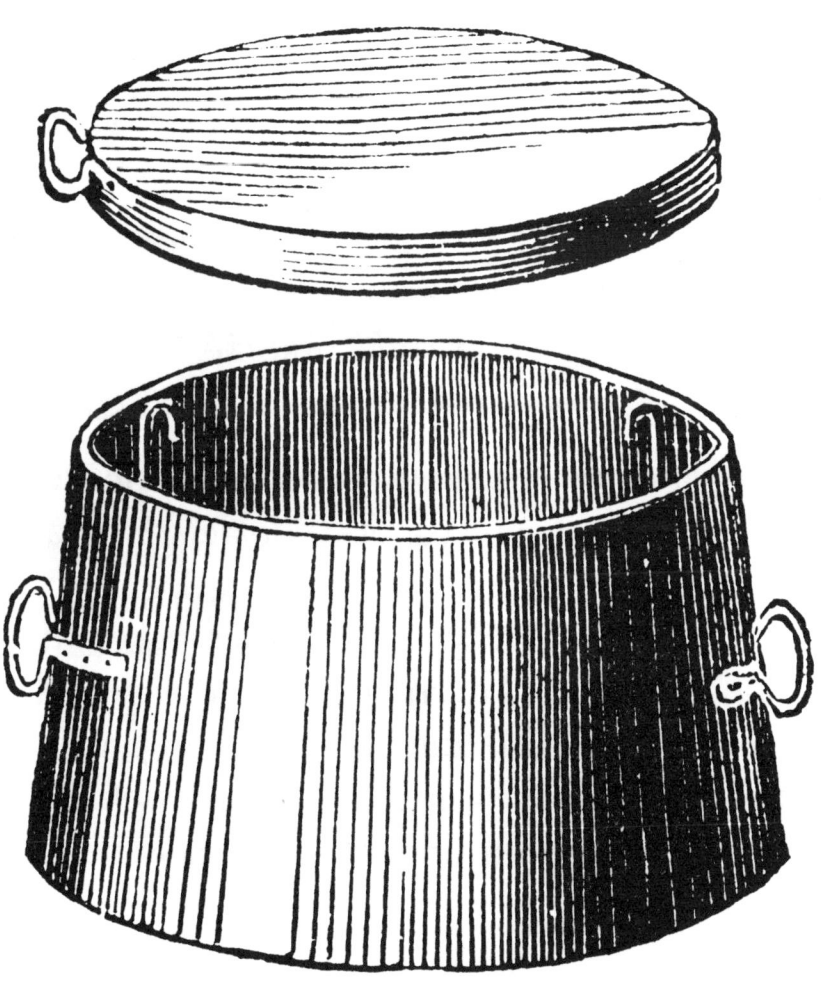

Schinkenkessel

Deftiges Grünkohlgemüse

das traditionsreiche Kohlgericht, wenn der erste Frost kommt.

750 g geputzter Grünkohl (vorbereitet gewogen), 2 Zwiebeln, 100 g Schweineschmalz, 3/8 Liter Wasser, Salz, 250 g Kasseler Rippenspeer, 1 frische Mettwurst oder Kohlwurst, 1 Rauchendchen, 2 Eßl. Haferflocken.

Den abgekochten Grünkohl fein schneiden. Zwiebeln abziehen und in kleine Würfel schneiden. Schmalz zerlassen, Zwiebeln und Grünkohl hinzugeben und kurze Zeit erhitzen. Dann Wasser, Salz, Haferflocken, das gewaschene Fleisch und eventuell die vorher ausgelösten Knochen hinzugeben, zum Kochen bringen und bei schwacher Hitze 1–1 1/4 Stunde kochen lassen. Gemüse mit Salz abschmecken und mit dem Fleisch zu Röstkartoffeln reichen.

Gemüse- und Kartoffelkocher

Gepökeltes Eisbein mit Surmoos

oder Eisbein mit Sauerkraut –
Surmoos (niederdeutsch) = Sauerkraut.

4 gepökelte Eisbeine, 1 gr. Zwiebel, 2 Lorbeerblätter, Pfefferkörner, Salz, 3 gehackte Zwiebeln, 100 g Schweineschmalz, 2 Äpfel, 750 g Sauerkraut, 1/4 Liter Brühe, 2 Nelken, 2 geschälte Kartoffeln, Zucker.

Das Fleisch waschen und in reichlich Wasser mit den Gewürzen und der Zwiebel zugedeckt 1–1 1/2 Stunden weich kochen. Für das Sauerkraut Schmalz zerlassen und die Zwiebeln darin erhitzen, bis sie hellgelb sind. Die geschälten, vom Kerngehäuse befreiten und in Scheiben geschnittenen Äpfel und das Sauerkraut hinzugeben und kurze Zeit miterhitzen. Brühe und Gewürze hinzugeben, Sauerkraut zum Kochen bringen und bei schwacher Hitze 50–60 Minuten gar dünsten. Kartoffeln reiben, unter das Sauerkraut rühren, einmal aufkochen lassen und es mit Salz und Zucker abschmecken.

Man richtet Eisbein auf dem gekochten Sauerkraut an und reicht Kartoffelpüree und Senf dazu.

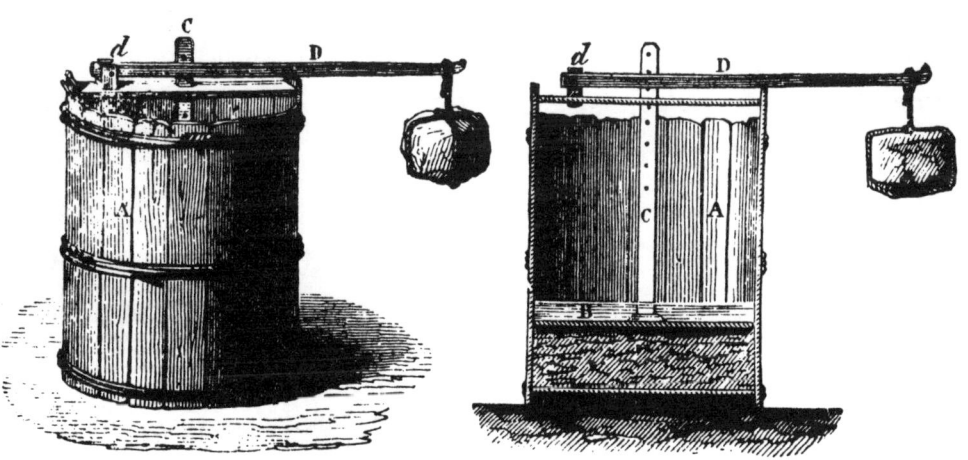

Sauerkrautpresse aus dem 19. Jahrhundert

Himmel und Erde

der Apfel-Kartoffelbrei, mit Blutwurst serviert.

750 g Kartoffeln, Salz, 1 kg Äpfel, 5 Eßl. Wasser, 150 g durchwachsener Speck, Zucker, 40 g Margarine, 500 g Blutwurst.

Kartoffeln schälen, waschen und in Salzwasser gar kochen lassen. Wasser abgießen und Kartoffeln möglichst sofort fein zerstampfen. Äpfel schälen, vom Kerngehäuse befreien, in Stücke schneiden und in Wasser gar kochen.

Speck in kleine Würfel schneiden, bei starker Hitze auslassen und so lange erhitzen, bis er gelblich ist. Kartoffeln und Äpfel in einen Kochtopf geben, mit Schneebesen durchrühren, zum Kochen bringen und mit Salz und Zucker abschmecken. Speck über den Kartoffelbrei geben. Fett in Bratpfanne zerlassen und die 1 cm dick geschnittene Blutwurst von beiden Seiten darin braten.

Himmel und Erde zusammen mit der Blutwurst servieren.

Kartoffelstampfer

Wurstebrei

die westfälische Spezialität aus Gerstengrütze, Herz- und Bauchfleisch.

1 Herz (vom Schwein), 1 Liter Wasser, Salz, 125 g Bauchfleisch, 100 g Gerstengrütze, Pfeffer, Piment, Thymian.

Herz halbieren, innere und äußere Häute entfernen und gut waschen. Bauchfleisch und Herz in kochendes leicht gesalzenes Wasser geben und etwa 1 1/2 Stunden gar kochen. Von der Fleischbrühe 1 Liter abmessen, zum Kochen bringen, die Grütze einstreuen und noch 1/2 Stunden kochen lassen.

Fleisch fein hacken oder durch den Fleischwolf geben, mit dem Grützbrei vermischen und mit Salz, Pfeffer, Piment und Thymian abschmecken.

Wurstebrei zu Pellkartoffeln mit Apfelmus oder sauren Gurken reichen.

Fleischhackmaschine

Quarkstip mit Pellkartoffeln

ein vorzügliches Kartoffelgericht.

250 g Sahnequark, 3 Eßl. Öl, etwas Salz, 2 kleingeschnittene Zwiebeln, 2 Eßl. feingeschnittener Schnittlauch, 1 kg kleine Kartoffeln, 50 g Speck, 3 mittelgroße Zwiebeln.

Quark mit dem Öl verrühren, mit Salz abschmecken, Zwiebeln und Schnittlauch darunter rühren und auf einer Platte anrichten.

Die Kartoffeln gründlich waschen, in der Schale gar kochen und heiß abpellen.

Den in kleine Würfel geschnittenen Speck bei starker Hitze auslassen und die abgezogenen, in kleine Würfel geschnittenen Zwiebeln so lange darin erhitzen, bis sie hellgelb sind.

Die Pellkartoffeln mit den Speckzwiebeln servieren und den Quarkstip dazureichen.

Königin-Zwiebel

Viereckiger Fliegenschrank

Wurst zum Einkochen

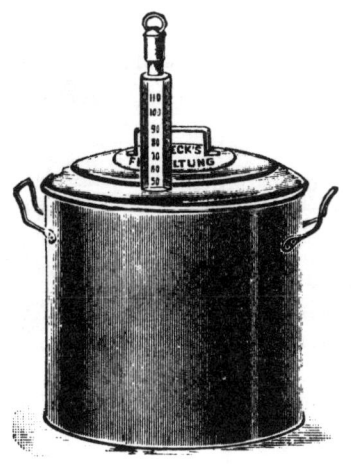

Mettwurst in Gläsern

3 kg durchgedrehtes Schweinefleisch, 1–2 Teel. Pfeffer, 4 leicht geh. Eßl. Salz, 1 Eßl. Pökelsalz.

Das Fleisch mit den übrigen Zutaten vermengen. Das Mett in vorbereitete Gläser füllen und etwa 1 1/2 Stunden zukochen.

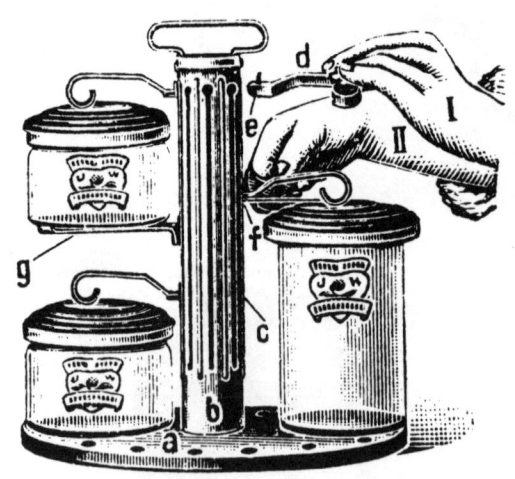

Weck'scher Kochtopfeinsatz

Eingelegtes Eisbein

8 kleine Eisbeine (ohne Knochen), etwas Salz, 1 kg gewürztes Mett.

Die Eisbeine waschen und mit etwas Salz bestreuen. Das Mett in 8 Portionen teilen und in die Mitte der Eisbeine legen, zusammenrollen und in die vorbereiteten Gläser füllen.

Die gefüllten Eisbeine etwa 2 Stunden zukochen.

Pikante Leberwurst

schmeckt selbstgemacht besser.

5 kg Schweinefleisch (Bauchfleisch), 3 Lorbeerblätter, Wasser, 2 kg Schweineleber, 3 Zwiebeln, 4 leicht geh. Eßl. Salz, 2 Teel. Pfeffer, 2 Teel. Majoran, 1 Teel. Nelkenpfeffer, 1 Teel. Muskatblüte, 4 leicht geh. Eßl. Pökelsalz, 3/4 Liter von der Brühe.

Fleisch mit den Lorbeerblättern etwa 1 Stunde im Wasser kochen lassen. Leber, die abgezogenen Zwiebeln und das Fleisch durch einen Fleischwolf drehen und mit den übrigen Zutaten vermengen.

Die Leberwurst in die vorbereiteten Gläser füllen und etwa 1 Stunde zukochen.

Linke Hälfte eines Schweins:
1) Schlegel, Keule oder Schinken, 2) Karbonaden- oder
Kotelettenstück, 3) Rücken, Rippenspeer oder Karree, 4) Kamm
oder Hals, 5) Kopf, 5a) Ohren, 5b) Schnauze oder Rüssel,
6) Vorderschinken oder Blatt, 7) Bauch oder Speck, 8) Dickbein,
Eisbein oder Haxen, 9) Spitzbein, Pfoten oder Sülzhaxen

Zwiebelschmalz

als Zutat für Kohlgerichte, Bratkartoffeln oder auch als Brotaufstrich.

250 g Flomenschmalz, 1 Zwiebel (kleingewürfelt), etwas Salz.

Flomenschmalz, Zwiebel und Salz solange zerlassen, bis die Zwiebelstückchen leicht gebräunt sind. Das Schmalz in Gläser oder Steinguttöpfe füllen und im Kühlschrank aufbewahren.

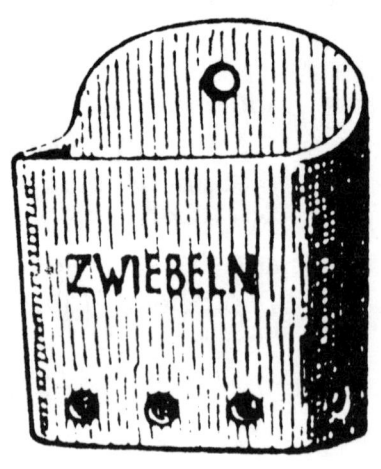

Apfelschmalz

als Brotaufstrich besonders zu empfehlen.

250 g Flomenschmalz, 1 Apfel, etwas Salz, etwas Zucker.

Flomenschmalz zerlassen, Apfel schälen, waschen, vom Kerngehäuse befreien und in kleine Würfel schneiden. Apfelstücke, Salz und Zucker zum Schmalz geben und so lange kochen, bis die Apfelstückchen gar sind. Apfelschmalz in Gläser oder Steinguttöpfe füllen und im Kühlschrank aufbewahren.

Breiter Einmachtopf aus Steingut

Fierowend

Im Duarpe schlött de Kiarkenuhr.
Spann af, mak Fierowend, Bu'r!
Dien Schimmel spitzt de Ohren.
Hei kennt dat Lün um' Nachmestied
Un dat de Stall nu nit meh wiet,
Weit hei noch van tejohren.

Spann af, mak Fierowend, Bu'r!
Hiat alles siene Tied un Du'r.
Et schliekt met griesen Schleiern
De Nacht alt ümme'n Dannenklopp.
Pack dienen Schimmel an en Kopp!
De Köster es am beiern.

Spann af, mak Fierowend, Bu'r!
De Dag was lang, de Arbet su'r,
Dat Arn es nu gescheihen.
De Köster lütt, hei lütt in't Graf;
Et follen die de Tüels af –
Dien Piad daut andre teien.

3.12.1924
Fritz Linde

96

Nachspeisen

Buttermilchgelee

ein erfrischender Nachtisch für heiße Tage.

1 Päckchen Gelatine-Pulver (rot), 5 Eßl. kaltes Wasser, 1/2 Liter Buttermilch, 2–3 gehäufte Eßl. Zucker, abgeriebene Schale und Saft einer Zitrone.

Gelatine mit Wasser anrühren und 10 Minuten quellen lassen. Dann unter ständigem Rühren erwärmen, bis sie sich gut aufgelöst hat und kalt stellen.

Buttermilch mit Zucker, Zitronenschale und Zitronensaft abschmecken. Die lauwarme Gelatinelösung darunterrühren, die Speise in eine Glasschale füllen und kalt stellen, bis sie fest ist.

Dazu Vanillesoße reichen.

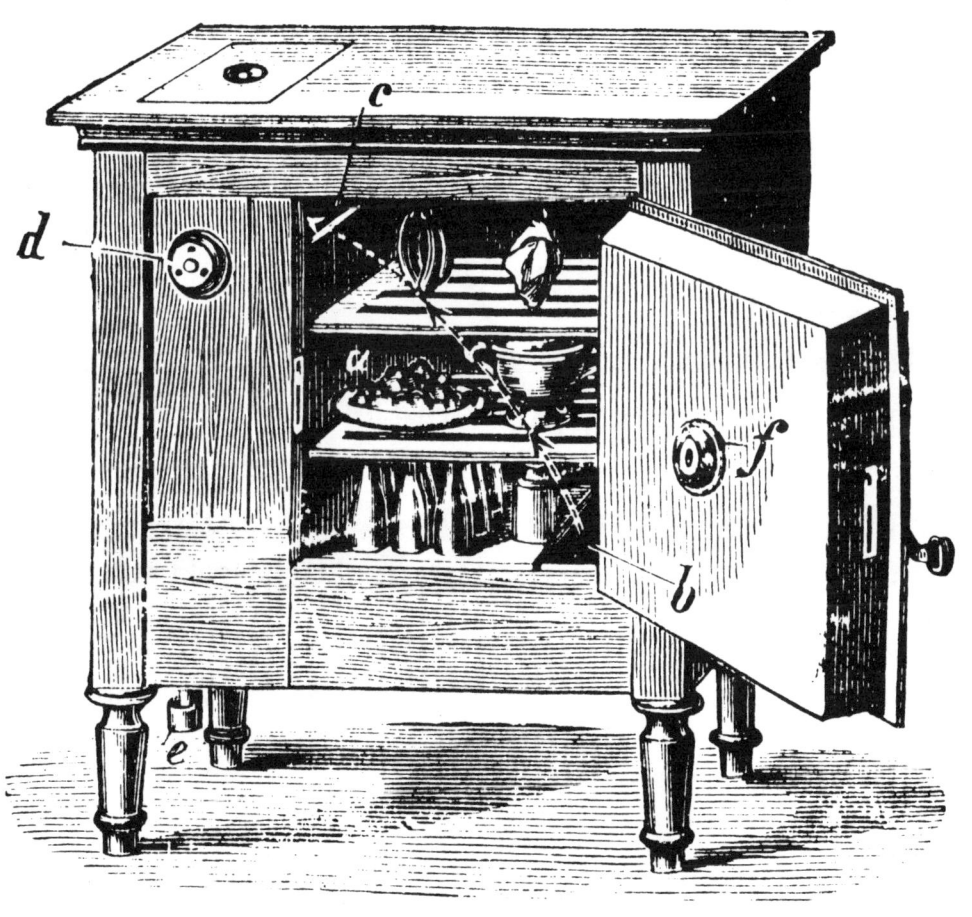

Eisschrank um 1900

Pumpernickelspeise

3/8 Liter Milch, 150 g Schokolade, 3–4 Eßl. Zucker, 150 g geriebener Pumpernickel, 1 Päckchen Vanillezucker, abgeriebene Schale 1/2 Zitrone, 2 Eigelb, 4 Blatt eingeweichte, in 1/81 warmer Milch aufgelöste weiße Gelatine, 1/4 Liter geschlagene Sahne.

Milch, Schokolade, Zucker und Pumpernickel unter Rühren zum Kochen bringen, vom Herd nehmen. Vanillezucker, Zitronenschale und Eigelb dazugeben, den Topf nochmals auf die heiße Platte stellen und wiederum unter ständigem Rühren bis vor den Kochpunkt erhitzen.

Dann endgültig vom Herd nehmen, die in der Milch aufgelöste Gelatine unterrühren und die Speise kühl stellen.

Wenn sie anfängt zu gelieren, gut die Hälfte der geschlagenen Sahne unterziehen. Die Speise in eine Glasschüssel füllen und mit der restlichen Sahne verzieren.

Düngerstreumaschine

Äpfel im Schlafrock

oder in Mürbeteig eingebackene Äpfel.

350 g Mehl, 1/2 gestrichenen Teel. Backpulver, 80 g Zukker, 1 Eiweiß, 2 Eßl. Milch, 250 g Margarine.

Füllung: 7–8 Äpfel, 2 Eßl. Rosinen, 2 Eßl. Zucker.

Zum Bestreichen: 1 Eigelb, 1 Eßl. Milch.

Guß: 200 g Puderzucker, 2–3 Eßl. Zitronensaft.

Mehl und Backpulver auf die Tischplatte sieben. In die Mitte eine Vertiefung drücken, Zucker, Eiweiß und Milch hineingeben und mit einem Teil des Mehls zu einem dicken Brei verarbeiten. Darauf das in Stücke geschnittene Fett geben, mit Mehl bedecken und von der Mitte aus alle Zutaten zu einem glatten Teig verarbeiten. Sollte er kleben, ihn eine Zeitlang kalt stellen.

Die Äpfel schälen, Kerngehäuse ausstechen und mit den gezuckerten Rosinen füllen. Der Teig wird gleichmäßig dünn ausgerollt und in Vierecke, je nach Größe der Äpfel, ausgerädert. Die Äpfel auf die Teigvierecke setzen, die Ecken mit dem verquirlten Eigelb bestreichen und auf die Äpfel legen. Die Teigecken müssen gut aufeinanderstoßen und angedrückt werden. Den Teig mit dem verquirlten Eigelb bestreichen und auf ein Backblech setzen. Bei 200 Grad etwa 15–20 Minuten backen.

Puderzucker und Zitronensaft zu einer dickflüssigen Masse verrühren und die noch warmen Äpfel im Schlafrock damit bestreichen.

Brotpudding

die originelle Nachspeise aus Schwarzbrotteig.

250 g Schwarzbrot, 60 g Rindertalg, 30 g Mehl, 125 g ausgesteinte Kirschen (auch eingemachte), 30 g Zitronat (klein gehackt), 65 g Zucker, 1 Ei, 1/4 Liter Milch, 1/2 Teel. Salz.

Brotstückchen in kaltem Wasser einweichen und ausdrücken. Talg fein hacken, Brot damit gut verrühren und alle anderen Zutaten dazumischen.

Die Masse in eine gefettete Form füllen und 1 Stunde im Wasserbad kochen oder bei 150 Grad im Ofen backen.

Beigabe: Kirschsoße oder Kompott.

Bratäpfel

die besonders von Kindern zur Weihnachtszeit begehrte Nachspeise.

Große saure Äpfel (Boskop), pro Apfel 1 Teelöffel Zucker nach Belieben Zimt, 1 Eßlöffel Rosinen, 1 Eßl. Mandelsplitter oder geriebene Haselnüsse, 1/2 Schnapsglas Rum.

Die Äpfel waschen und die Stiele entfernen. Den oberen Teil der Äpfel abschneiden und als Hauben verwenden.

Dann das Kerngehäuse vorsichtig herausschneiden, alle Zutaten gut mischen und in die Äpfel füllen. Die Apfelhauben wieder auflegen und die Bratäpfel in eine gebutterte Form setzen. Etwa 30 Minuten bei 200 Grad backen. Dazu gibt es heiße Vanillesoße oder geschlagene Sahne.

Pattdütſch
in Ahren!

„Drüm Lüde, folgt men minen Rot:
Schlot nich dee Mutterſprote dot,
Holt Plattdütſch men alltied in Ahren,
Sölws uſſe Herrgott draf et hören,
Un dat is ſicher un gewiß,
Dat Plattdütſch dat Reellſte is!“

F. Wippermann

106

Gebäck

Knabbeln

der Bauernzwieback aus dem Münsterland.

Knabbeln sind die „Abkömmlinge" des aus feinem Weizenmehl gebackenen Bauernstutens. Der noch heiße frisch gebackene Stuten wird in kleine Stücke gebrochen, die nun zum zweiten Male im Ofen geröstet werden. Knabbeln werden in Tassen (Knabbelkümpkes) gegeben, mit Zucker bestreut und mit heißer Milch oder Milchkaffee übergossen und mit dem Löffel gegessen.

Bauernbett aus dem 19. Jahrhundert

Waffeln

auch mit Preiselbeeren und Sahne zu empfehlen.

250 g Butter, 12 Eigelb, 125 g Mehl, 1/8 Liter saure Sahne, 1/8 Liter Milch, Salz, 12 geschlagene Eiweiß, etwas Zucker oder Marmelade.

Butter schaumig rühren, mit Eigelb, Mehl, Sahne, Milch und Salz verrühren. Eischnee unterheben.

Die Waffelform mit einer Speckschwarte bestreichen. Die Masse in nicht zu großen Mengen in das gut erhitzte Waffeleisen füllen und von beiden Seiten goldbraun backen.

Die Waffeln einzeln auf einem Kuchenrost erkalten lassen, sie mit Zucker bestreuen oder mit Marmelade bestreichen und möglichst frisch essen.

Eiserkuchenformen

Neujahrskuchen

wie man ihn in Ravensberg-Lippe kennt.

250 g gestoßener Kandiszucker, 1/2 Liter Wasser, 200 g zerlassene Butter, 500 g Mehl, 1 Ei, abgeriebene Schale einer Zitrone, Zimt.

Kandiszucker im Wasser kochen und auflösen. Abkühlen lassen. Mit der Butter, dem Mehl, Ei und den Gewürzen verrühren. Etwa 5 Stunden stehen lassen.

Die Bratpfanne gut einfetten und jeweils 1 Eßlöffel des Teiges hineingeben. 2–3 Minuten goldgelb backen lassen. Nach dem Herausnehmen mit Zimt bestreuen und aufrollen.

5 Minutenkuchen

Zutaten: 150 Gramm Mehl, 1 Ei, 125 Gramm Zucker,
1/2 Päckchen Backpulver, 1 Päckchen Vanillezucker, Zitronensaft.

Zubereitung: das Ei mit dem Zucker schaumig rühren, dann den
Vanillezucker und den Zitronensaft dazu geben. Das Mehl mit
dem Backpulver untermischen, dazu beigeben und etwas Milch
zufügen. Der Teig muß noch etwas fließen, er wird
auf gefettetem Blech, im vorher angeheizten Ofen in
5 Minuten fertig gebacken. Kalt werden in Stücke schneiden,
mit Zucker und Zimt bestreuen, oder mit Marmelade füllen.

Kuchen aus Vollkornbrot.

Zutaten 150 Gramm altbacknes Vollkornbrot, 1 Ei, 80 Gramm
Zucker, 1/2 Teelöffel Backpulver oder Natron, Rum und Zitronenwasser.

Zubereitung: das spät übriggebliebene, nicht im Ofen getrocknete
Brot wird fein gerieben. Man rührt ein Eigelb mit dem Zucker
schaumig zu .... Schaum. Damit .... man
das Brot, den Schaum dazu .... und das Backpulver.
Man quirlt die spät .... Eiweißmasse .... ein gefettetes
Küchenblech und drückt .... Die Eiweißmasse ist,
wenn richtig verarbeitet, locker ...., nicht ....
gebacken. Der Kuchen, der .... schmeckt,
wird, wenn gebacken, mit Vanillezucker bestreut.

113

Kartoffeltorte

eine besonders schmackhafte Spezialität nach der Kartoffelernte.

250 g Zucker, 6 Eigelb, 1250 g gekochte geriebene Kartoffeln, 10 g Zimt, 3 g Nelken, Salz, 1 P. Backpulver, 6 Eiweiß.

Zucker und Eigelb schaumig rühren, die geriebenen Kartoffeln, Gewürze und Backpulver hinzufügen und zuletzt das zu steifem Schnee geschlagene Eiweiß.

Den fertigen Teig in eine gut gefettete Springform füllen und die Torte etwa 1 1/4 Stunde bei 200 Grad backen.

Kartoffeltorte wird vorwiegend an den ersten kalten Herbstabenden nach der Kartoffelernte gegessen.

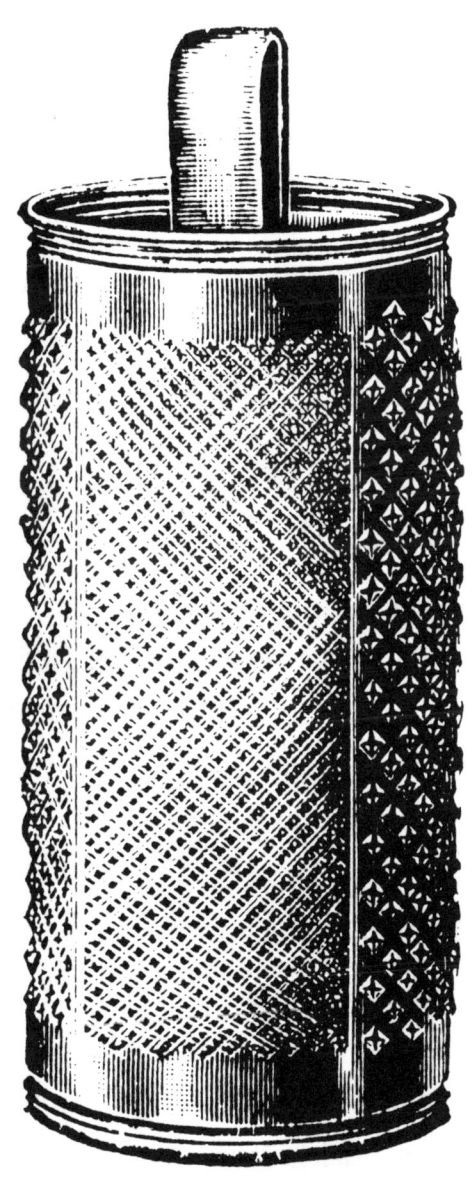

Universalreibe

115

Westfälischer Apfelkuchen

auch Appelkauken oder Appeltarte genannt.

250 g Margarine, 225 g Zucker, 5 Eier, 275 g Mehl, 2 gestrichene Teel. Backpulver, 1 kg Äpfel, 1 geh. Eßl. Aprikosen-Konfitüre, 1 Eßl. Wasser.

Glasur: 100 g Puderzucker, 3 Eßl. Zitronensaft.

Fett schaumig rühren und langsam Zucker und Eier hinzugeben. Das mit Backpulver gemischte und gesiebte Mehl eßlöffelweise unterrühren. Die Äpfel schälen, vierteln, entkernen und achteln. Die Hälfte des Teiges in eine gefettete Springform füllen und glattstreichen. Die Äpfel in 2 Lagen darauf legen. Den übrigen Teig darauf verteilen und glattstreichen. Bei 180 Grad etwa 65 Minuten backen.

Aprikosenkonfitüre durch ein Sieb streichen und mit dem Wasser aufkochen. Kuchen sofort nach dem Backen damit bestreichen und kalt stellen. Den gesiebten Puderzucker mit dem Zitronensaft und so viel Wasser verrühren, daß eine dünnflüssige Masse entsteht. Das Gebäck damit überziehen.

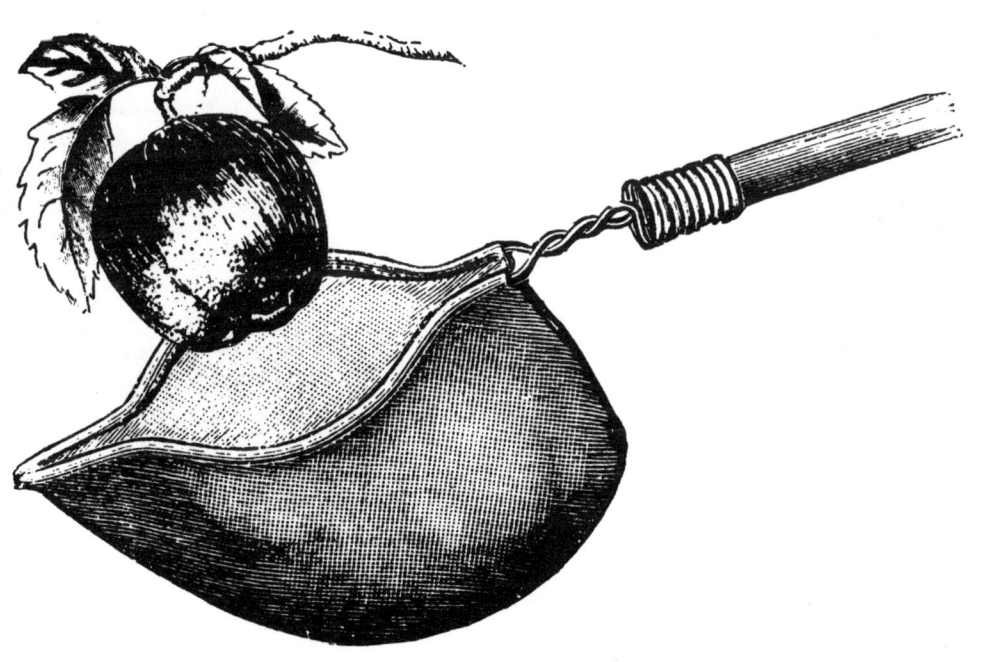

Obstpflücker

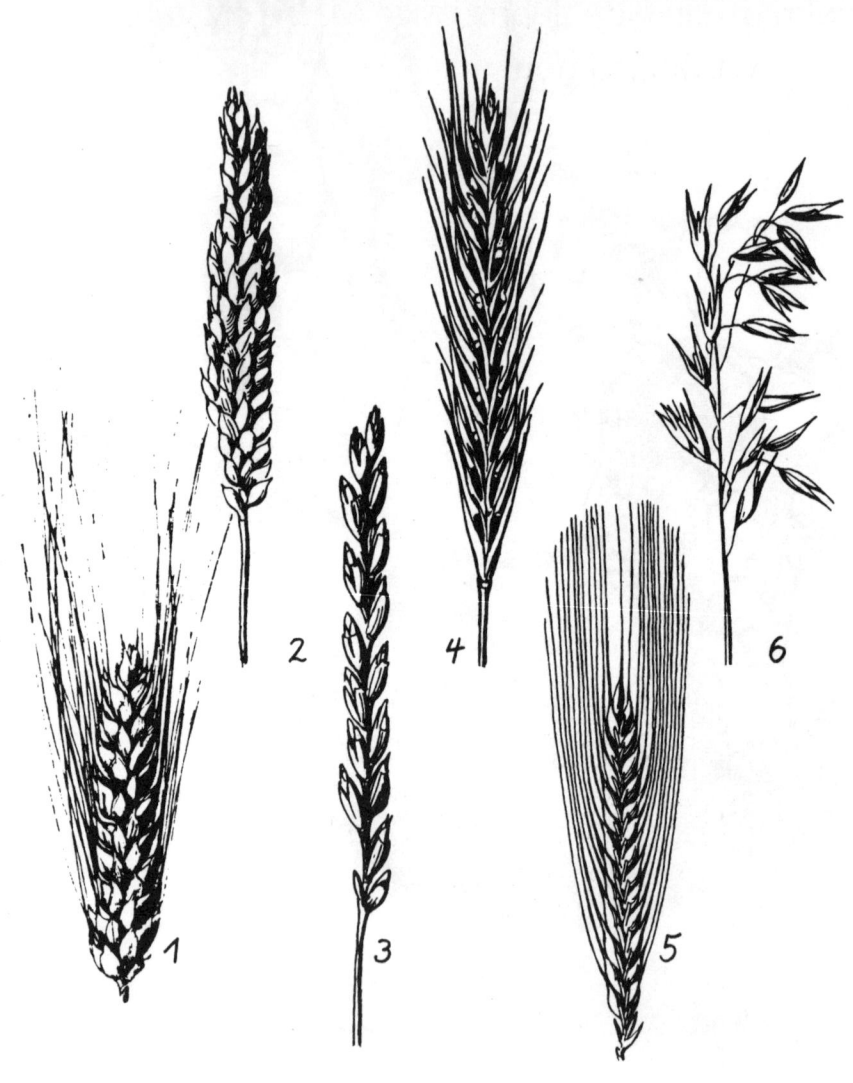

Kornarten:
1) Rauhweizen, 2) Gemeiner Weizen, 3) Speltweizen,
4) Roggen, 5) Gerste, 6) Hafer

Brot zum Selberbacken

Pumpernickel

Rezept für die ehrgeizige Hausfrau.

750 g Roggenschrot fein, 750 g Roggenschrot mittel, 500 g Sauerteig (vom Bäcker), 3/4 Liter lauwarmes Wasser, 25 g (2 Eßl.) Salz, 160 g Rübenkraut (Sirup).

Roggenschrot in eine Schüssel geben und vermischen, in der Mitte eine Vertiefung eindrücken, den Sauerteig hinzugeben und von der Mitte her mit dem Mehl vermengen. Nach und nach das Wasser, Salz und Rübenkraut zugeben, bis er sich ganz von der Schüssel gelöst hat, dann herausnehmen, die Schüssel mit Mehl ausstäuben, den Teig wieder hineinlegen, mit etwas Mehl überstäuben, zudecken und an einem warmen Ort 3–4 Stunden gehen lassen.

Pumpernickelbacken im 19. Jahrhundert

Hat der Teig um die Hälfte zugenommen, den Teig auf eine bemehlte Arbeitsfläche geben, noch einmal kräftig durchkneten und zu einer Rolle (32 cm) formen. In die ausgefettete, bemehlte Form (32 × 11 cm) legen, mit einem feuchten Tuch zudecken, warmstellen und 15–20 Minuten aufgehen lassen. Den Teig mit etwas Wasser bestreichen, die Form mit Aluminiumfolie fest verschließen und bei 125–150 Grad in den vorgeheizten Ofen – untere Schiene – schieben.

Bei dieser niedrigen Temperatur muß der Pumpernickel 10–12 Stunden, am besten über Nacht, backen, damit sich die typische Aromabildung voll entfalten kann. Das Brot etwa 60 Minuten im auskühlenden Ofen lassen.

Bauernstuten

schmeckt vorzüglich zusammen mit Pumpernickel und Wurst oder Schinken.

40 g Hefe, 2 Teel. Zucker, 1/2 Liter lauwarme Milch, 1 kg Mehl, 40 g Schmalz, 2 Teel. Salz.

Hefe und Zucker mit 5 Eßlöffel der lauwarmen Milch anrühren. 2/3 des Mehls in eine Rührschüssel sieben, in die Mitte eine Vertiefung eindrücken, die aufgelöste Hefe hineingeben und diese etwa 1/2 cm dick mit Mehl bestreuen. Zucker, Salz und das aufgelöste lauwarme Fett an den Rand des Mehls geben. Sobald das auf die Hefe gestreute Mehl stark rissig wird, von der Mitte aus die Hefe mit dem Mehl und den übrigen Zutaten verrühren und nach und nach die übrige Milch hinzugeben. Teig so lange schlagen, bis er Blasen wirft.

Dann das restliche Mehl darunter kneten. Sollte der Teig kleben, noch etwas Mehl hinzugeben. Teig an einem warmen Ort so lange stehenlassen, bis er etwa doppelt so hoch ist, und ihn dann gut durchkneten. Den Teig dann zu einem länglichen Brot formen, auf ein gefettetes

Backblech legen, mit dem Küchentuch abdecken und wieder etwa 20 Minuten an einem warmen Ort gehen lassen. Die obere Seite des Teiges mehrere Male schräg einschneiden. Stuten bei 200 Grad etwa 50 Minuten bakken. Nach dem Backen mit etwas Milch bestreichen, damit der Stuten schön glänzt.

Backpinsel

Hefebrötchen

die Frühstücksbrötchen für sonntags morgens.

30 g Hefe, 1 Teel. Zucker, 500 g Mehl, 1/4 Liter lauwarme Milch, etwas Salz, Milch.

Hefe und Zucker in einer Tasse mit 5 Eßlöffel der Milch anrühren, 15 Minuten bei Zimmertemperatur stehenlassen. Mehl in eine Schüssel sieben, mit der Hefemischung, Milch und Salz verrühren. Teig so lange schlagen, bis er Blasen wirft. Teig an einem warmen Ort so lange stehenlassen, bis er etwa doppelt so hoch ist – dann gut durchkneten. Teig in eine 40 cm lange Rolle formen, etwa 2 cm dicke Scheiben davon abschneiden, zu Brötchen formen, auf ein gefettetes Backblech legen, an einem warmen Ort nochmals so lange stehenlassen, bis sie etwa doppelt so hoch sind, mit etwas Milch bestreichen und bei 200 Grad für etwa 15 Minuten in den Backofen schieben.

De Kiepenkerl

Anhang

Pumpernickel – das „schwarze" Brot der Westfalen

von dem der päpstliche Gesandte *Faboi Chigi* 1648 beim Abschluß des Westfälischen Friedens in Münster schrieb: „… für den Ackersmann kaum und nur für die ärmsten des Volkes genießbar …", während Pumpernickel an der Tafel König *Friedrich Wilhelms IV.* (1840–1861) auf keinen Fall fehlen durfte.

Der Pumpernickel stammt ursprünglich aus dem nördlichen Teil Westfalens und ist heute in der ganzen Welt bekannt.

Über die Herkunft seines Namens, der wahrscheinlich zunächst noch ein Schimpfname war, ist man bis heute uneins. Es haben sich lediglich einige weniger ernst zu nehmende Definitionen gehalten. So kann man aus der Überlieferung folgende wohl eher scherzhafte Anekdote entnehmen:

Ein napoleonischer Soldat soll beim Kosten dieses Brotes erklärt haben „*C'est bon pour Nickel!*", indem er meinte, daß dies Brot doch allenfalls für sein Pferd *Nickel ge-nießbar sei.*

Eine andere überlieferte Definition sagt, daß das Wort Pumpernickel eher von dem Wort bonum paniculum *(etwa guttätiges Brot)* hergeleitet werden könne, da man in Paderborn zu einer Hungersnot eine Brotstiftung gemacht habe. Dagegen spricht, daß in Paderborn zu der Zeit der Pumpernickel noch nicht zuhause war.

Wie dem auch sei – aus dem Wort selbst läßt sich diese Brotart kaum erklären.

Der in seiner Farbe ungewöhnlich dunkle Pumpernicke wird aus einem Teig gebacken, der aus ungebeuteltem Roggenmehl *(Roggenschrot)* und Wasser besteht. Das Roggenmehl behält also seine Keime und Schalen. Der Teig wurde früher mit den Füßen – ähnlich wie bei der Weinherstellung – durchgearbeitet und etwa 24 Stunden zum Säuern stehen gelassen. Aus ihm wurden dann mächtige, bis zu 50 Pfund schwere Brote geformt und in einem luftdicht verschlossenen Steinofen mindestens 24 Stunden gebacken.

Die schwarze Färbung des Pumpernickels entsteht durch Umsetzung der Stärke des Roggenmehls in Zucker, der durch den lang andauernden Backvorgang *karamelisiert.*

Später wurde dem Teig noch *Rübenkraut (Rübensirup)* zugegeben, was diesen Vorgang noch förderte und das Brot noch dunkler und süßlicher machte.

Nach dem Backen blieben die Brote noch 3–4 Tage liegen, bis sie schmackhafter und verdaulicher geworden waren.

Auf dem Lande wurde diese Spezialität früher mit Schinken, Speck oder Mettwurst belegt oder auch zusammen mit weißem Weizenbrot, dem *Stuten*, gegessen. Dazu gehörte immer auch ein *Körnken*.

Backrezept zum Selbermachen siehe Seite 120.

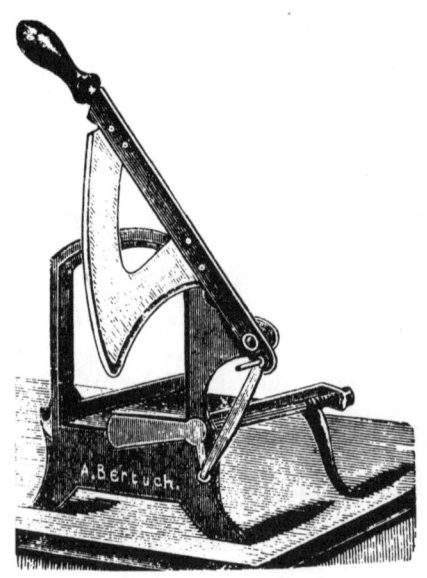

Brotschneidemaschine

Der Westfälische Schinken – und was ihn so beliebt macht

Ebenso wie Pumpernickel und Steinhäger gehört auch der Westfälische Schinken zu den berühmten Spezialitäten Westfalens.

Schon im 12. Jahrhundert gab es auf dem Marktplatz in Köln einen Stand, auf dem man eigens Westfälischen Schinken kaufen konnte.

Auch weiß man, daß es 12 Westfälische Schinken gewesen sind, welche die Stadt Dortmund als Geschenk zur Verehrung Kaiser Sigismunds (1410–1437) auswählte.

Ein weiteres Zeugnis davon, daß der Schinken – sowie das Schwein schlechthin – wichtiger Bestandteil westfälisch-bäuerlichen Lebens gewesen ist, gibt uns das Kirchenfenster der Soester Wiesenkirche, welche das Abendmahl Christi auf westfälische Art, nämlich mit Schinken, Schweinskopf und sogar 2 Korngläsern, darstellt.

Im besonderen wird es die Qualität des Schweins und der Schweinezucht, aber auch die besondere Art des Pökelns und Räucherns gewesen sein, die den Westfälischen Schinken so bekannt machte. Der Eichenwald, in dem sich die Tiere früher frei bewegen und entwickeln konnten, soll für die Schweinezucht von großer Bedeutung gewesen sein. Im 18. Jahrhundert gab es ein sogenanntes „Eichenregister", in welchem die genaue Anzahl der Eichenbäume verzeichnet war und demzufolge die Anzahl der zu haltenden Schweine festgesetzt wurde. Eichelmast und Aufzucht in freier Natur waren also wichtige Voraussetzungen für die hohe Qualität der Schweinezucht und damit auch des Westfälischen Schinkens.

Aber auch die Herstellungsweise des Schinkens selbst gaben ihm sein Gepräge.

Nachfolgende Schilderung mag Aufschluß darüber geben, wie heutzutage gute Westfälische Schinken hergestellt werden:

Vor dem Einpökeln, das auf trocknem Wege mit Kochsalz, Salpeter und gegebenenfalls Wacholderbeeren und Pfeffer in großen Behältern bei einer Temperatur von 8–10 Grad vorgenommen wird, prüft man zunächst die Qualität des Schinkens.

Das Fleisch von Schweinen, die vor der Schlachtung nicht völlig ausgeruht sind oder längere Transportwege hinter sich haben, eignet sich nicht für die Schinkenherstellung. Wie der Fachmann sagt, würde das Fleisch „leimig" und zäh sein.

Westfälischer Schinken wird nur trocken gepökelt. Das Salzen dauert je nach Gewicht etwa 3–5 Wochen. Danach werden die vorher mit Wasser kurz entsalzenen Schinken etwa 2 Wochen trocken gelagert. Während dieser Zeit „reift" der Schinken, d. h. das Salz zieht gleichmäßig in den Schinken ein – man nennt dies „durchbrennen". Erst dann wird er in die Räucherkammer, den früheren „Bosen", gehängt.

Die Räucherung geschieht in 3stöckigen, sogenannten Räuchertürmen im Rauch von Buchenspänen. Dabei kommt es auf eine langsame Räucherung mit reichlich frischer Luft an, wobei auch die Luftfeuchtigkeit eine große Rolle spielt. Voraussetzungen, damit sich ein spezieller Rauch entwickeln kann, der nicht zu stark und nicht zu schwach sein darf. Die Räucherung beginnt in der unteren Kammer und endet nach etwa 5–6 Wochen in der oberen Kammer.

Nach dem Räuchern muß der gute Westfälische Schinken mindestens noch etwa 3 Wochen frei hängend ausreifen, ehe er in den Verkauf gelangen kann.

Der verwöhnte Kenner schätzt seinen milden, ausgereiften Rauch, seinen sogenannten „kurzen, zarten Biß" und die kräftige, haltbare Farbe seines Fleisches.

De Alkohol.

Von Augustin Wibbelt.

Et was in'n Saal ganz müskenstill,
Son Här de holl ne Rede,
Ne Rede öuwer 'n Alkohol,
Et scheen, he was nich blöde.
De Alkohol, so sag de Här,
Dei niks es Unheil stiften,
Dat Düwelstüg wörd Land un Lüd
Vediärwen un vegiften.
„Drum weg mit allem Alkohol!"
So reip he noch am Ende.

Un „Bravo" gont dat dör den Saal,
Se klatschten in de Hände.
Do stonn son däftgen Buersmann up,
Erst drunk he sik noch'n Aollen,
Dann schmeet he wöst sik in de Buorst
He konn sik nich mer hollen.
Weg, röpt he, met dat Düwelstüg,
Wie käm'n jo All in'n Duesel.
Wat bruk wie noch den Alkohol,
Wie häbt jä Beer un Fuesel!

Korn, Steinhäger, Wacholder – die „Brannt- weine" der Westfalen

Roggen, Weizen, Gerste – natürliche Produkte des west- fälischen Bodens – waren die Basis nicht nur für die Brot- herstellung, sondern auch zur Gewinnung von „Brannt- wein".

Ebenso war die Wacholderbeere, die früher noch an den Südhängen des Teutoburger Waldes reifte, Aus- gangsprodukt für die westfälischen WacholderSchnäpse.

Auf jedem größeren Bauernhof wurde früher Schnaps gebrannt – zunächst für den Eigenbedarf, spä- ter dann für den Verkauf an kontrollierte Sammelstellen. So konnte sich im Laufe von Jahrhunderten die tradi- tionsreiche Korn- und Wacholder-Brennerei als selb- ständiger Wirtschaftszweig entwickeln.

Korn, aus den heute noch bekannten Zinnlöffeln ge- trunken, wurde früher und wird auch heute noch aus vergorener Roggenmaische zu glasklarem Schnaps, dem *aollen Klaoren*, mit mind. 32 Vol.-% Alkohol gebrannt. Das Abfallprodukt bei der Kornbrennerei, die sog. *Schlempe*, diente als Viehfutter und wurde so dem natürlichen Kreislauf wieder zugeführt.

Besondere Berühmtheit erlangte der *Steinhäger*, ein Wacholder-Branntwein eigener Art aus dem Örtchen Steinhagen am Fuße des Teutoburger Waldes, der zu den ältesten Branntweinen Deutschlands zählt.

Bereits im 15. Jahrhundert wurde hier ein Schnaps aus Wacholderbeeren gebrannt, der aufgrund seiner bekömmlichen und heilenden Wirkung sehr geschätzt wurde. Das Geheimnis des Steinhägers liegt in seiner Herstellungsweise, die zwar allgemein bekannt ist und heute nicht nur in Steinhagen angewandt wird, aber hinsichtlich Brenndauer und Mischungsverhältnis der beiden Komponenten Korn und Wacholder jedem Hersteller selbst überlassen bleibt.

Auch darf nur derjenige *Steinhäger* als *echter* oder *Original* bezeichnet werden, der aus dem Ort Steinhagen stammt.

Im Gegensatz zu den üblichen Wacholderschnäpsen, die durch einfache Aromatisierung (Mischung) handelsüblichen Sprits mit einem Wacholder-Destillat aus Alkohol und *unvergorenen* Wacholderbeeren entstehen und andere würzende Stoffe sowie Zucker zur Abrundung enthalten dürfen, wird Steinhäger in einem 3stufigen „heißen" Destillationsvorgang *(Abtrieb) ohne* Zusätze hergestellt.

Der 1. Vorgang ist die Erstellung des Kornalkohols aus einer vergorenen Getreidemaische.

Getrennt davon erfolgt in einem 2. Arbeitsgang die Gewinnung des flüssigen Wacholderaromas aus einer *vergorenen* Wacholderbeermaische ebenso auf dem Wege der Destillation. Es entsteht der sog. *Wacholderlutter.*

Nach Trennung vom Wacholderöl wird der Wacholderlutter mit dem Kornsprit in einem bestimmten Verhältnis gemischt und in einem 3. Arbeitsgang abermals destilliert. Man erhält das hochprozentige Steinhägerdestillat, das dann mit ausgesuchtem Quellwasser auf 38 Vol.-% Trinkstärke herabgesetzt wird.

Durch die jeweils getrennten Destillationsvorgänge wird ein Höchstmaß an Reinheit gewährleistet und ein besonders feines Wacholderaroma erzielt, das heute ein großer Verbraucherkreis in aller Welt zu schätzen weiß.

Damen-Bierkränzchen, etwa 17. Jahrhundert

Biertradition im alten Westfalen

Auch in Westfalen gehörte Bier von alters her zum traditionellen Hausgetränk. In einer Zeit, in der es noch keinen Kaffee gab, wurde es auch von Frauen gebraut. Ebenso gibt es Belege, daß es statt Kaffeekränzchen Bierkränzchen gegeben hat. Dieses Hausmannsbier war dünn und diente als Standardgetränk.

In der Überlieferung wird das sogenannte *Scheerbier* genannt, das es heute nicht mehr gibt. Es war ein einfaches Bier, das man kurz *Drinken* nannte und hauptsächlich zur Erntezeit bereitet wurde. Dazu füllte man ein 1 1/2 Meter hohes Faß, das *Drinkenfatt*, zu einem Viertel mit warmem Wasser und füllte etwa 10 Pfund gesäuerten Schwarzbrotteig hinein, füllte es mit kaltem Wasser auf, verschloß es luftdicht und ließ es zwei Tage gären. Es soll ein mildes, durstlöschendes Getränk gewesen sein.

Gewöhnliches Bier wurde früher in Westfalen sehr leicht eingebraut und war bei Fremden nicht sehr beliebt. Im Laufe der Geschichte allerdings vervollkommnete sich die Braukunst sehr. Gebraut wurde nicht nur auf den großen Bauernhöfen, sondern immer mehr auch in den Städten, die später dann zu ausgesprochenen Hochburgen der Braukunst wurden wie Dortmund, Münster und Paderborn.

So erhielt z. B. die Stadt Dortmund schon im Jahre 1293 das Privileg, *Grutbier* brauen zu dürfen. Damals hat niemand erahnen können, daß das Bier dieser Stadt einmal Weltruf erlangen würde, obwohl sich Art und Herstellungsweise änderten.

Einer Chronik zufolge wurden zu Beginn des 16. Jahrhunderts folgende Biersorten gebraut: *Dünnbier, Konventbier, Keut, Grusink* und *Gerstbier.* Die Keutbrauer bildeten eine besondere Zunft und das münstersche Keut war im 16. Jahrhundert besonders berühmt.

Auch das Keut aus Hamm hatte einen guten Ruf. Zum Keut wurde nur wenig Hopfen zugesetzt. Außer Malz wurde auch Weizenmehl verwandt und man würzte das Gebräu mit Muskatnelke und Zucker. Aufbewahrt wurde es in festverkorkten Krügen.

Grusink oder *Grutbier* wurde besonders im Osnabrückischen gebraut. Es erhielt seinen Namen von der Würzung mit *Grut,* einer Art Rosmarin, und wurde auch anders gebraut, denn es war dick und trüb. Diese einheimischen Biere wurden im Laufe der Zeit von auswärtigen verdrängt, mit Ausnahme des *Altbieres,* das sich lang halten konnte bzw. gerade heute wieder in steigendem Maße getrunken wird. Gebraut wird es nach einem alten Verfahren aus Hopfen, Malz und obergäriger Hefe.

Allein in Münster hat es über 100 Altbierbrauereien gegeben – noch Anfang des vorletzten Jahrhunderts zählte man 40 Braustätten.

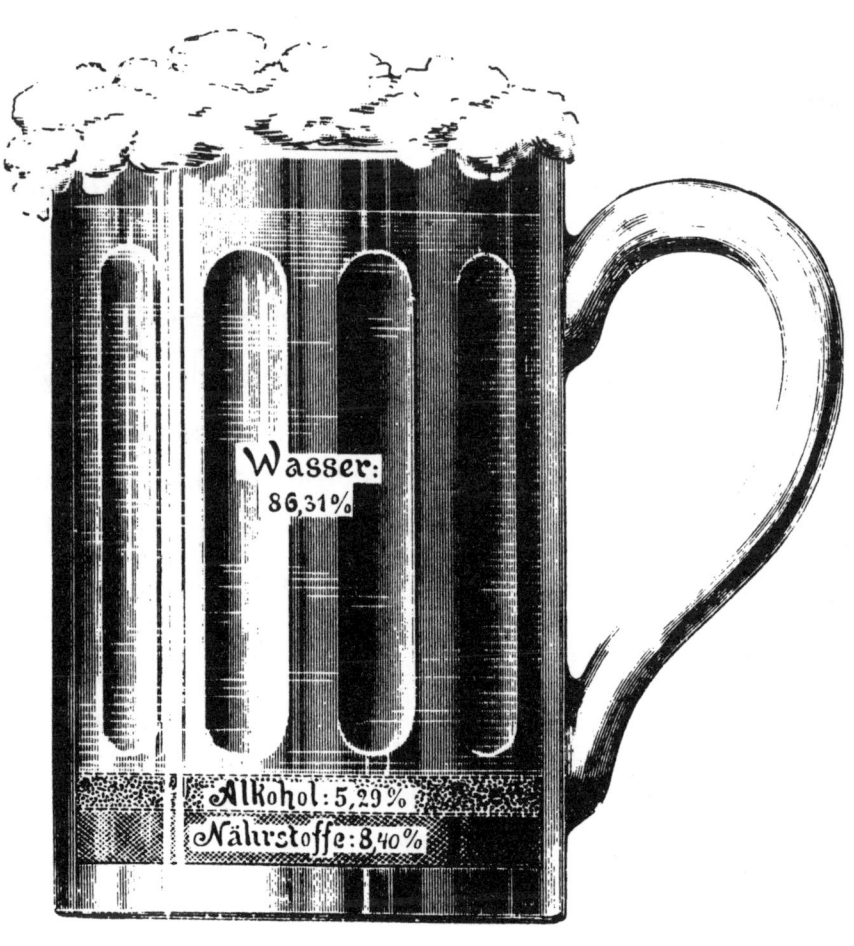

Met

ein uraltes Rezept eines uralten Getränks.

Man lasse in einen recht reinlichen, kupfernen Kessel 60–65 Liter weiches Wasser bringen. Ist dies ziemlich warm geworden, so werden etwa 6 Liter Honig hinein gerührt, und man läßt Wasser und Honig recht gelinde 1 1/2 Stunden sieden. Zeitweilig wird der schmutzige Schleim, der sich oben ansetzt, abgeschöpft. Ist die Zeit des Siedens vorbei, so wird das Honigwasser in blechernen oder irdenen Geschirren ausgeschöpft.

Sobald dieses dann so weit abgekühlt ist, daß es noch mehr Wärme hat als jenes Wasser, das in starker Sonnenhitze erwärmt wurde, so wird es in ein sehr sorgfältig gereinigtes Faß gebracht, der Spund wird darauf gelegt, aber nicht befestigt. Ist der Keller ziemlich warm, dann beginnt nach 5–10 Tagen die Gärung. Nach ungefähr 14 Tagen wird dieser junge Met in ein anderes Faß abgezogen – die Hefe muß natürlich zurückbleiben.

Im zweiten Faß dauert die Gärung ungefähr 10 bis 14 Tage, und wenn der Honigwein ganz ruhig wird, daß man im Fasse nichts mehr hört, dann wird das Spund-loch geschlossen. Nach 3–4 Wochen kann dann der Met hell und trinkbar auf Flaschen abgezogen werden. Gut verkorkt und in kalten Sand gebracht, moussiert er in einigen Tagen ziemlich stark.

Dieser so zubereitete Met ist nicht allein ein sehr gutes und kräftiges Getränk für Gesunde, sondern wird, da er leicht gekühlt gehalten wird, auch von Fieberkranken gern getrunken.

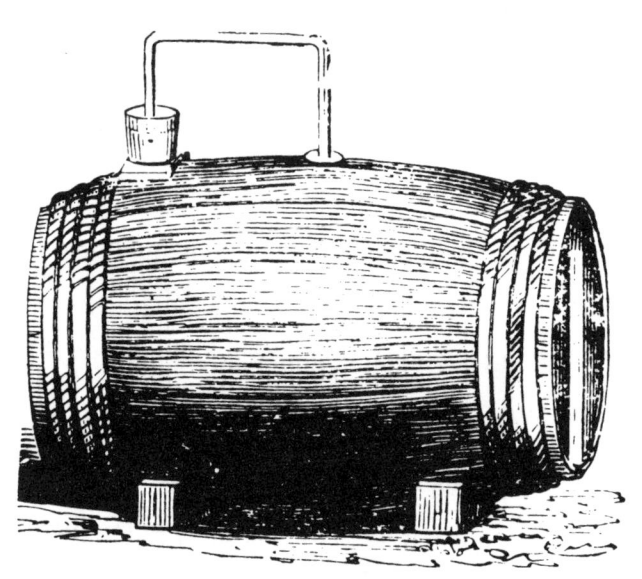

Gärfaß zur Metherstellung